中国青少年百科全书

彩图版

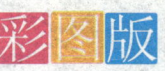

黄 炜◎主编

人类历史百科

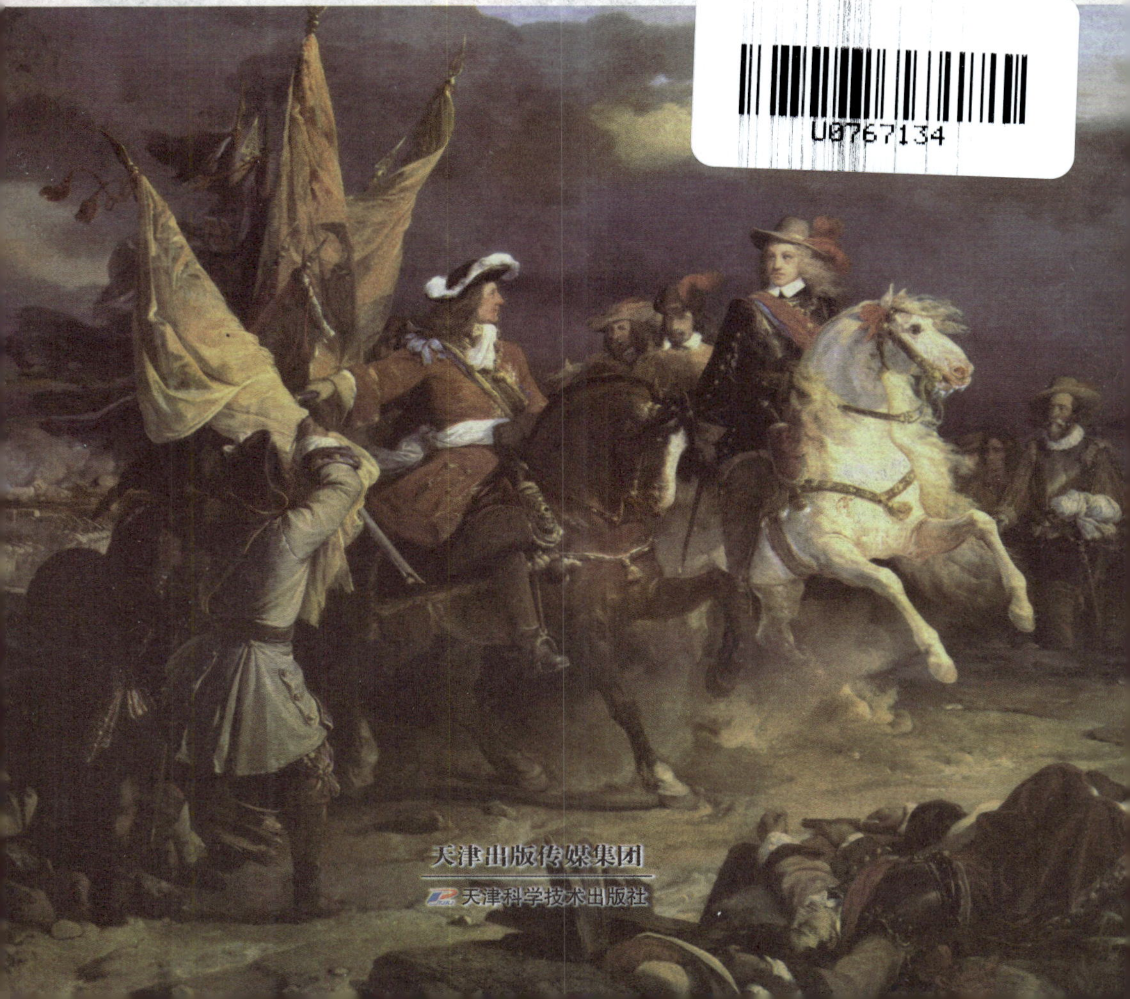

天津出版传媒集团
天津科学技术出版社

前言

随着时间的流逝，人类已在不知不觉中进入了21世纪。回望昨天，无数人物和事件似乎还历历在目。生活在新世纪的我们，虽然不能与他们并肩而立，但仍希望能够触摸到他们鲜活的灵魂。呈现在广大读者面前的这本书，用通俗易懂的语言，向大家展示了整个人类社会的漫长历史。无论是古埃及的神秘、汉唐盛世的辉煌，还是鸦片战争的屈辱、二战时的滚滚硝烟，在本书中都有相关的介绍。

全书按照历史发展的顺序，囊括了中国历史和世界历史的各个发展阶段，并从政治、经济、文化、艺术等方面对各个国家及其发展时期进行了研究和探索。书中还有大量精美准确的插图，以帮助读者更直观地了解历史。此外，在每个专题后还补充了相关的知识介绍，力求全面地展现历史事件和历史人物，帮助您更好地了解历史。

古老的华夏文明
先秦历史
8　传说时代
10　文明传承
12　春秋战国
14　百家争鸣

盛开的文明之花
封建时代
18　秦统一六国
20　辉煌的汉朝
22　分裂的时代
24　短命的隋朝
26　大唐盛世
28　两宋时期
30　疆域辽阔的元代
32　大明王朝
34　最后一个封建王朝
36　虎门销烟

风起云涌的时代
近代和现代
40　第一次鸦片战争
42　太平天国起义
44　戊戌变法
46　辛亥革命
48　五四运动
50　抗日战争
52　中华人民共和国成立

人类文明的起源
古代文明
56　美索不达米亚文明
58　神秘的古埃及
60　古希腊文明
62　古罗马
64　失落的玛雅文明

动荡不安的时代
中世纪时期
68　拜占庭帝国
70　法兰克王国
72　日本大化改新
74　阿拉伯帝国
76　十字军东征
78　诺曼底征服英国
80　蒙古大扩张
82　英法百年战争

84　可怕的黑死病
86　奥斯曼帝国的崛起
88　文艺复兴

激烈变革的世界
近　代
92　欧洲的宗教改革
94　英国圈地运动
96　尼德兰革命
98　英国资产阶级革命
100　彼得大帝改革
102　启蒙运动
104　工业革命
106　美国独立
108　法国大革命
110　拿破仑的征战
112　美国的西进运动
114　南北战争
116　德国统一
118　意大利的统一

120　日本明治维新
122　列强对世界的瓜分
124　第一次世界大战

走向未来的人类
现　代
128　巴黎和会
130　大萧条
132　第二次世界大战
134　联合国的成立
136　战后各国民族民主运动
138　美苏争霸
140　冷战结束
142　9・11事件

古老的华夏文明
先秦历史

古老的黄河流域孕育了中国最初的文明。这个被称为"华夏"的民族在黄帝和炎帝的带领下从蒙昧一步步走向光明。大禹的后代建立的夏朝,是中国第一个奴隶制世袭王朝。传承文明的商朝和周朝,创造了辉煌的青铜文化。东周列国的混战,带来了社会制度的变革,也碰撞出了思想的火花。这一时期,产生了无数影响中国几千年的思想家。最后,千古一帝秦始皇终于使混乱的战国时代落下帷幕,分裂的中华大地归于统一。

传说时代

中华文明,是世界上最古老最灿烂的文明之一。大约5 000年前,我们的祖先就在黄河流域建立了不朽的功业。虽然斯人已逝,但留下来的一个个传说,仍然为我们讲述着那段神秘的历史。

黄帝战蚩尤

黄帝是当时的一个部落首领,姓姬,名轩辕。一个首领叫蚩尤的部落,不肯归顺黄帝,双方在涿鹿展开大战。蚩尤喷出毒雾,让黄帝的士兵迷失了方向;黄帝见状,拿出了自己发明的指南车,帮助部队走出迷雾;蚩尤又请来风神雨神,刮起狂风,下起暴雨;黄帝也不甘示弱,召来旱魃助阵,顿时风雨全消。黄帝趁势大举进攻,蚩尤抵挡不住,战死沙场,他的军队也溃败了。从此,黄帝就控制了中原地区,和炎帝一起生活。这就是我们中国人称自己为"炎黄子孙"的原因。

黄帝战蚩尤

黄帝的业绩

黄帝不仅长于治国,而且为我们的社会发展作出了重要贡献。传说中他发明了许多东西,比如房屋、衣裳、车船、兵器甚至乐器等。他的妻子嫘祖是著名的养蚕发明者,是她发现蚕吐出的丝可以织成绸缎。黄帝的大臣仓颉根据鸟兽的足迹创造了文字。

嫘祖养蚕。嫘祖是传说中黄帝的妻子,非常聪明,教会了人民养蚕。

仓颉造字

尧舜禅让

黄帝之后,先后经历了颛顼、帝喾等几位君主。后来,尧当上了君主,他是中国历史上有名的仁君。当时的中国社会,部落联盟内采用"禅让"的方式"选贤与能",推举联盟的首领。于是,在尧的晚年,大家推选舜作为接班人。舜早年生活不幸,被父亲和继母虐待,却仍然孝顺他们。尧考察了他近20年,发现他不仅品德好,做事也非常有能力,就把位子传给了他。舜即位后,把天下治理得很好。

尧为黄帝玄孙,帝喾之子,姓伊祁,初封于陶,又封于唐。故天下号之曰陶唐氏。尧建都于平阳,为政以仁慈宽大著称,相传在位百年,因其子丹朱不肖,即传位于舜。尧为我国古史传说中之贤君,中国道统的发扬者,也是禅让政治的创立者。

大禹治水

在尧当政的时候,有一件扰乱天下的大事发生——洪水。洪水淹没了大片土地,老百姓无家可归,生活非常困难。尧任命鲧去治水,鲧采用堵的办法,想用堤坝把洪水拦住。但水势凶猛,鲧治了9年,也没有把水治好。舜即位后,杀了鲧,任命鲧的儿子禹治水。禹考察了父亲失败的原因,采取疏导的办法来治水。他经过十几年的艰苦劳动,三过家门而不入,终于把洪水引向大海。禹也由于治水有功,在舜晚年的时候被选为继承人,当上了君主。

大禹治水

启建立夏

禹的晚年,本来应该按照老规矩,从部落中挑选贤能的人继位,但他的儿子启却破坏了规矩。启是个野心勃勃的人,他打败了选出来的继承人伯益,自己做了君主。有一个叫有扈氏的部落首领反对他,前来问罪,启打败了有扈氏,巩固了自己的政权,建立了夏。从此,中国历史进入了一个崭新的时代,原始社会开始向奴隶制发展,父死子继的世袭制也取代了禅让制。

指南车

文明传承

夏 启废除了禅让制,建立了我国历史上第一个世袭的奴隶制王朝——夏朝。此后,汤推翻了夏朝,建立了商朝。历经几百年后,武王又推翻了商,建立了周。这个时期在中国历史上被称为"三代"时代。

夏启像。夏启大禹的儿子,他建立了中国历史上第一个奴隶制政权,并废除了禅让制,建立世袭制。

商汤像

商汤灭夏

夏朝的最后一个君主被称为"桀",意思是凶暴的人。夏桀荒淫残暴,百姓生活在水深火热之中。这时候,黄河下游一个叫商的部落开始崭露头角,他们的首领叫做汤。汤任用伊尹治国,部落迅速强大起来。汤决心推翻夏桀的统治。他联合一些部落,打败了夏桀的军队,夏朝灭亡。于是,汤建立了商朝,掀开了中国历史新的一页。

武王伐纣

商纣王的无道在历史上是出了名的。他造酒池肉林,挖大臣比干的心,还用一种叫炮烙的酷刑来折磨犯人。周武王的父亲姬昌是个贤能的君主,他遍访贤才,最后找到了年届八旬的姜尚。姬昌死后,姜尚继续辅佐武王。时机成熟后,武王带领各路诸侯,讨伐纣王。纣王慌了,勉强组织了一支军队前去迎战。结果可想而知,纣王的军队溃不成军。纣王知道大势已去,在鹿台上点火自焚,商朝终于落下了帷幕。周武王胜利之后,定都镐京,中国从此进入了周朝。

妲己害政

商朝青铜觚形器

周武王像

周公辅成王

周武王在灭商后不久就病逝了,他的儿子即位,就是成王。当时的政权还不稳定,成王又还是个孩子,新生的周朝潜伏着很大的危机。这时,武王的弟弟周公挑起了重担,开始辅政。他划定了王室与贵族的等级和特权,又制定了详细的刑律,国家开始有秩序的发展。

周公是我国历史上著名的政治家。武王死后,他辅助成王治理天下,使周朝的国土得到扩大,政权巩固。此外,他还制定了一系列的"礼乐"制度,规定了人们日常生活中的伦理法则。

西周中期铜器——墙盘

千金一笑

西周的最后一位君主称为幽王,是一个昏庸的君主。他在历史上最重要的"功绩"就是用整个王朝和自己的性命换取了美人一笑。这个美人名叫褒姒,深得幽王宠爱,但就是从来不笑。周幽王为此悬赏千金,看谁有办法让褒姒笑。有人出了一个主意,让周王点起烽火引来诸侯。诸侯们看见烽火,赶紧带领军队前来救驾。来了一看,却发现根本没有什么敌人。褒姒见了,却笑了,周幽王高兴极了。等到犬戎打来时,周幽王点起烽火,却没有一个人来。他被杀死,褒姒被抢走,从此西周灭亡。

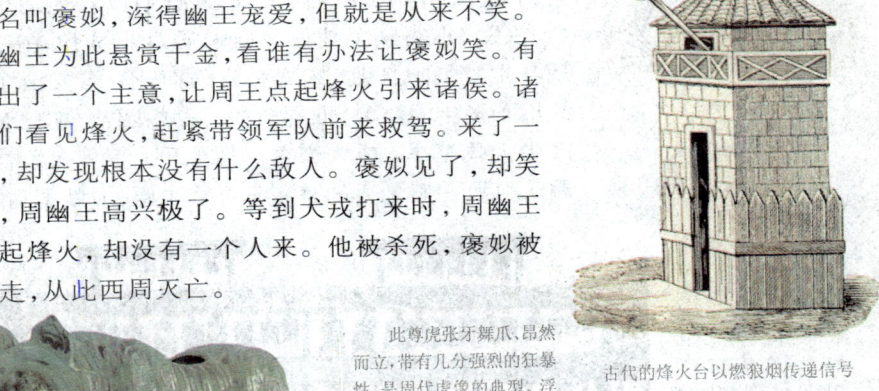

古代的烽火台以燃狼烟传递信号

此尊虎张牙舞爪、昂然而立,带有几分强烈的狂暴性,是周代虎像的典型。浮雕所装饰的宽广饰带,象征虎纹。虎背上开一矩形的穴,可能是作为支放器物之用。此虎原为一对,另一只仅存残片。

夏商周的成就

夏、商、西周时代,我国在天文、历法、医学、生物学和地理学等领域取得了一系列成果,为铁器时代社会的进步创造了条件。夏朝创制了夏历,商朝的殷历将一年分为12个月。商朝的青铜器制造得非常精美,是美术史上的典范;甲骨文则记载了当时的社会生活。周朝的礼仪制度对后世影响非常深远。

甲骨文是我国已知的最早文字,具有很高的文物价值。

春秋战国

西周灭亡后,周平王迁都洛邑,称为东周。东周时期,我国的社会发生了剧烈的变化,诸侯开始强大,周王沦为附庸。这一时期,产生了著名的"春秋五霸"。春秋末年,各诸侯国之间的兼并更加肆无忌惮,最后到战国时期只剩下几个强大的诸侯国。这几百年的混战给人们带来了深重的灾难,却也带来了一些新的气象。

春秋五霸

齐桓公是最先创立霸业的诸侯。他任用管仲,使齐国强大起来。接着,齐桓公打着"尊王攘夷"的旗号,协助燕国打败了山戎的进攻,又恢复了邢国和卫国。这些行动得到了诸侯的拥护,诸侯共尊齐桓公为盟主。齐桓公死后,宋襄公试图称霸,他幻想用"仁义"来取得霸主地位。但宋国力量弱小,在一次战斗中被楚国打败,宋襄公受伤而死。晋文公重耳经历了多年的流浪,取得政权后励精图治,在城濮之战中大败楚军,成为霸主。他死后,秦穆公短暂称霸。之后,一鸣惊人的楚庄王进军中原,成就了霸业。

管仲名夷吾,又名敬吾,字仲,春秋时期齐国著名的政治家、军事家。他经鲍叔牙力荐,得到齐桓公重用,辅佐齐桓公成为春秋时期的第一霸主,被称为"春秋第一相"。

曾侯乙编钟,湖北随州擂鼓墩出土。编钟总重达5吨,是迄今为止中国出土的最大的青铜编钟。

卧薪尝胆

吴王阖闾出兵攻打越国,自己却丧了命。他的儿子夫差怀着复仇的心,想灭掉越国。他大败越军,俘虏了越王勾践。勾践为了报仇,忍辱负重。吴王生病时,勾践亲自尝粪来为吴王辨别病情。夫差深受感动,将勾践放了回去。勾践回去后,每天睡在茅草床上,品尝苦胆,提醒自己不要忘记复仇。他专心国事,同时又给吴王送去美女,使吴王沉迷酒色。经过长时间的准备,越国终于打败了吴国,夫差自杀。

卧薪尝胆

三家分晋

晋国的晋顷公即位时，权力已掌握在赵襄子、韩康子、魏桓子和智伯这几个卿大夫手中。不久，他们赶走晋顷公，立了晋敬公。智伯想独揽大权，于是试图联合韩、魏两家灭掉赵襄子。赵襄子却反过来说服了韩、魏两家，共同对付智伯。智伯被灭后，赵、魏、韩三家瓜分了晋国。公元前403年，周天子正式承认三家为诸侯。

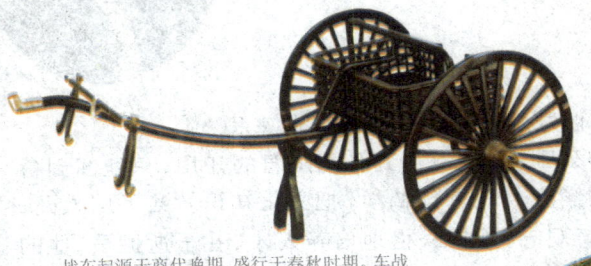

战国形势图。经过春秋时期的兼并战争，到战国时，几百个小国逐渐归并为七个大国和十几个小国，周王室依然存在。七个大国为齐、楚、燕、韩、赵、魏、秦，史称"战国七雄"。

战车起源于商代晚期，盛行于春秋时期。车战是春秋时期的主要作战形式。到了战国时期，战车逐渐衰落，被步兵、骑兵所取代。

战国七雄

在三家分晋的时候，齐国的卿大夫田氏也正在密谋夺取姜姓王室的权力。他们之间的斗争已经进行了几百年，田氏的政策得到了人民的拥护。公元前386年，田氏终于夺取了政权，姜姓齐国变成了田氏的齐国。这时，韩、赵、魏、齐以及秦、楚、燕，就是历史上所说的战国七雄。

战国时期的牺背立人擎盘。一种盛放食物的器具，出土于山西长治。昂头竖耳的怪兽，在它背上有一站立女俑，双手扶柱，柱顶置一镂孔圆盘，盘可随柱灵活转动。

商鞅变法

商鞅是卫国人，姓公孙，名鞅。他从卫国来到秦国，主持了一场史无前例的变法。卫鞅（即商鞅）颁布法令，废除世卿世禄的官僚制度，实行编户制和连坐法；改变原有的土地制度，规定私人可以自由买卖土地；建立县一级统治机构等。商鞅变法使秦国迅速崛起，从一个落后的西方小国变成了令东方诸侯震恐的大国。

这是现在出土的越王勾践剑，造型考究，式样古朴。

百家争鸣

春秋战国时期，各国混战不断，人民灾难深重。这时，许多知识分子针对现实，纷纷提出自己的思想主张。其中，最著名的就是儒、道、墨、法四家。除此之外，还有阴阳家、兵家、纵横家等。百家争鸣大大活跃了当时的思想氛围，对我国历史产生了深远的影响。

孔子像

孔孟之道

孔子名丘，字仲尼。他倡导"仁"和"礼"，想以此来稳定社会秩序。但是，他周游列国，却没有得到各国国君的任用，只能回到鲁国，专心于研究学问和教授学生。他首创私学，把文化知识教给下层人民；他还提倡"因材施教"等教育观念，不拘一格地培养人才。孔子逝世后，他的门人把他的言论编为《论语》一书。战国时期，儒家的另一位大师孟子出现。孟子名轲，他主张施行仁政，提出"民贵君轻"的思想。儒家的思想对后来的整个封建社会有着极其深远的影响。

老庄思想

道家的创始人相传为老子。老子姓李，名耳。老子著《道德经》，认为"道"是世间事物存在的本原；事物都是相对的，都可以转化比如大小、强弱，；在政治方面，他向往"小国寡民"的原始社会生活。战国时的庄子思想就更加随意逍遥了。他认为万事万物都应该顺其自然，不用去追求所谓的功名利禄。道家的思想对中国社会同样影响很大，特别是在战乱和黑暗的时代，成为中国士大夫的精神家园。

老子姓李名耳，字伯阳，著有《道德经》，是道家学派的始祖。他的学说后被庄周发展。他的哲学思想和由他创立的道家学派，对我国2 000多年来思想文化的发展产生了深远的影响。

兼爱的墨子

墨子像

出身于手工业工人的墨子和别的门派领袖不太一样。他和重身份的儒家不同,也不同于有点懒散的道家,他勤劳而朴素,同时具有博爱的胸怀。墨子主张兼爱、非攻、尚贤、尚同。他认为人人兼爱,社会就可以避免杀人和战乱。他还批判孔子的学说,反对奢侈浪费。墨子的学说在当时影响很大,被称为显学。

古代战争中用来观察城中敌情、发射箭矢、掩护攻城士兵攀登城墙的高架战车,称为巢车。

法家的代表

法家是讲求实用的学派,所以它的代表人物中有很多是政治改革家。前期法家的代表是商鞅、吴起、申不害等,他们在各国的变法中都起了主要作用,尤其以商鞅的成就最大。后期法家的代表人物是韩非,他著有《说难》《孤愤》《五蠹》等。他主张建立极端的君主专制,以实现国家的统一,并用严刑酷法来加强统治。秦始皇非常赏识韩非,他用韩非的理论统一了中国,但同时也导致了秦末的起义。

其他学派

除了以上这些著名的学派之外,当时还涌现出了阴阳家、纵横家、兵家等派别。阴阳家研究阴阳五行,对后世影响很大;兵家主要从事军事研究,最有名的就是孙武的《孙子兵法》,直到现在还被广泛学习;纵横家对当时的政治格局有很大的作用,最著名的代表人物就是苏秦和张仪。

孙武像

春秋晚期的镀金柄铜剑

《孙子兵法》竹木简

盛开的文明之花
封建时代

秦始皇确立的封建制度在中国延续了2 000多年。楚汉争霸的硝烟刚刚散去，一个大一统的王朝就随之而起。汉代和后来的唐代，是中国封建社会最鼎盛的时期。宋代的衰弱使得成吉思汗的蒙古铁骑踏平了中原的河山，建立了元朝。从明代开始，中国的封建社会开始走向腐朽。闭关锁国的清朝仍以天朝上国自居，不知睁眼看世界，终于招致了巨大的屈辱。中华民族从此陷入了困境，遭受了其后近百年的压迫和耻辱。

秦统一六国

随着秦军的东征西讨,战国时期的混乱终于落下了帷幕,取而代之的是一个新的大一统的中国。秦始皇,这位千古一帝,完成了统一的大业,建立起了封建制度。虽然秦朝二世而亡,但它的基本制度却在其后2 000多年里延续。

秦灭六国

公元前236年,秦王政采纳李斯的建议,决定先攻灭赵国,趁势灭韩灭魏,然后南下灭楚,最后消灭燕、齐。韩国、赵国灭亡后,燕国太子丹派遣勇士荆轲刺杀秦王,失败后荆轲被杀。接下来,魏国和燕国也被消灭。在征服楚国时,秦军遇到了顽强的抵抗,但最终还是取得了胜利。以前曾与秦国交好的齐国最后也被灭掉。这样,秦王就完成了统一中国的大业,结束了长期的战乱分裂局面。

荆轲刺秦王画像,展现了荆轲和秦王在宫廷之中的激烈搏斗场面。

秦国统一天下,大兴土木,建筑艺术空前繁荣,瓦当式样也丰富多彩。

千古一帝

秦王统一中国后,认为自己的功绩已经超过三皇五帝,所以为自己取了"皇帝"的尊号。从此,"皇帝"就代替"王"成为历代最高封建统治者的称谓,秦始皇就是中国历史上第一位皇帝。为显示皇帝的尊贵,从秦代开始规定了一套制度,如皇帝自称为"朕",印章称"玺",命令为"制"和"诏"等。此外,还制定了服饰制度。

秦始皇,姓嬴,名政。秦庄襄王之子,被称为"千古一帝"。中国第一位皇帝,也是皇帝尊号和皇帝制度的创立者,使中国进入了多民族、中央集权的帝制时代。

屈原像

中央集权的封建制度

秦始皇还加强了中央集权，设三公，即丞相、太尉和御史大夫。丞相辅助皇帝处理国事，太尉掌管军事，御史大夫掌管监察。最高的权力集中在皇帝一个人手中。同时，秦始皇也调整了地方组织政权，推行郡、县、乡、亭四级行政组织。这种官僚制度不仅改变了世袭制，还取消了"食邑"制，规定每个官吏都领取一定俸禄。这些制度在2 000多年的封建社会中基本保存了下来。

统一措施

战国时期，不仅政局混乱，连货币、度量衡及文字都各不相同。秦始皇灭六国后，下令统一全国货币，铸方孔的圆钱，以"半两"为单位。这种钱一直沿用了2 000多年。除货币外，文字也不统一，严重阻碍了文化交流和发展。秦始皇规定，以秦小篆作为统一的书体，后来又发展为隶书。度量衡也是以秦国的为标准，推行到全国。除此之外，由于战国时期各国修了不少关塞，道路宽窄也不一致所以秦始皇又下令拆除壁垒，修建以都城咸阳为中心的驰道等，构成了四通八达的道路网，便利了交通往来。

秦代量器。公元前221年，秦始皇统一六国，为加强中央集权统治，大力改革，统一了文字、货币、度量衡等。已出土的秦朝众多量器上，均刻有依法规范度量衡器具的规定，可见秦朝对统一度量衡的重视。

秦代的钱币

帝国陨落

秦始皇统一中国后，并没有给人民休养生息的时间，反而更加残酷地役使人民。长城、阿房宫、秦始皇陵，无不动用几十万人修建。他死后，秦二世即位，更加荒淫残暴，朝政黑暗，人民生活极其悲惨。这时，陈胜、吴广率先起义，势如破竹，沉重地打击了秦王朝的统治。最后，秦朝终于在项羽、刘邦等人的打击下灭亡。

辉煌的汉朝

汉朝是我国封建社会第一个盛世。汉朝不仅社会经济有了很大发展,还创造出了灿烂的科技文化,涌现出了许多杰出的人物。汉武帝的赫赫战功、司马迁的《史记》、张骞通西域、张衡的地动仪等,都是汉朝留给我们的珍贵记忆。

项羽像。项羽虽然在与刘邦的争斗中失败了,最后自刎于乌江,但却得到了人们的肯定。司马迁在《史记》中对项羽有很高的评价。

楚汉之争

秦末,中国社会又陷入了混乱之中。项羽异军突起,成为当时起兵的人中最具实力的领袖,但另一位首领刘邦却更有远见。项羽在灭掉秦军主力后称西楚霸王,发号施令,分割天下。他的这些措施不仅不能稳定秩序,反而加剧了分裂局面。不久,田荣起兵反抗项羽,刘邦乘机进兵关中,开始了4年的楚汉战争。项羽节节败退,最后在乌江自刎。

汉武盛世

经过汉初几十年的积累,汉朝的国力逐渐强盛起来。到了汉武帝时期,汉朝社会已经非常繁荣了。汉武帝在位期间,任用卫青、霍去病等大将,打败了经常骚扰汉朝的匈奴。同时,他还派张骞前去联络月氏,共同抗击匈奴。虽然目的没有达到,但汉朝和西域从此开始了频繁的交往。

马踏匈奴石刻(霍去病墓前)

王莽改制

西汉末年,由于严重的土地兼并和奴婢问题,整个封建统治陷入了深重的危机中。外戚王莽在这个时候趁机夺取了政权,建立了新朝。王莽当政后,为了维护统治,进行了改革。他的改制触犯了地主官僚的利益,遭到了强烈反对。因此,这些措施不但没有稳定社会,反而引起了更大的混乱。最后,新朝终于覆灭。

汉武帝

王莽在称帝之后,为了从民间聚敛钱财,曾先后四次改革币制。最终货币改革加速了新朝的灭亡。

人类历史百科

光武中兴

王莽改制引起了社会混乱，一时出现了许多农民起义军。刘秀是汉高祖刘邦的九世孙，他和绿林军一起消灭了王莽的军队，自己也被封为武信侯。王莽死后，群雄并起，许多人都自称为皇帝。刘秀经过征战，平定了这些武装力量，建立了东汉王朝，定都洛阳。

刘秀像

击鼓说唱俑。"说唱"是中国曲艺艺术的主要特征，说唱艺术在东汉前就已存在，在东汉时期日臻成熟并广泛流传于民间。

东汉灭亡

东汉的政权一直被外戚和宦官把持着。东汉末年，这种情况更加严重，皇帝形同虚设，朝政腐败黑暗，正直的官员不断遭到宦官迫害。再加上宦官外戚竞相压榨农民，东汉政权已经摇摇欲坠。黄巾军在这时崛起，沉重打击了东汉政权。各地军阀也趁机扩充实力，东汉政权名存实亡。后来，曹丕逼迫汉献帝退位，东汉灭亡。

蔡伦的造纸术

汉朝的科技文化成就

在汉代，无论是科学还是文学艺术，都有辉煌的成就。四大发明之一的造纸术，就是在东汉年间出现的。我国伟大的科学家张衡制造了地动仪，以测定地震方位。文学上，涌现了辞采华丽的汉赋，还有伟大的史书《史记》《汉书》等。汉朝的漆器也非常精美，种类繁多，逐渐取代了青铜器。到了东汉，瓷器又开始普及，改善了人们的生活。

张衡的候风地动仪

分裂的时代

曹操

中国社会历经两汉的繁荣之后,在东汉末年又陷入了长期的战乱之中。这期间,经历了数百年的动荡,产生了一个个英雄传奇。这些英雄人物的故事,至今仍然流传在华夏大地甚至世界各国人们的心中。

赤壁之战

东汉末年,群雄并起,出现了数十个割据政权。经历了官渡之战后,曹操的势力迅速膨胀,成为北方的霸主。这时,孙权接替孙策,占据吴地。刘备虽是汉室宗亲,却迟迟没有自己的根据地。他三顾茅庐请出了诸葛亮,开始在襄樊地区站稳了脚跟。曹操统一黄河流域后,决定趁势南下,以统一全国。孙权与刘备联合,准备抗击曹操。他们的联军在赤壁用火攻大败曹军,曹军损失惨重。此役之后,天下三分的局势基本明朗。这场战役也成为我国历史上著名的以少胜多战役。

三顾茅庐

三国鼎立

曹操死后,其子曹丕逼汉献帝退位,自己登上帝位,国号为"魏"。刘备听到消息后,立刻宣布继承汉献帝的帝位,建立蜀汉帝国。孙权也在其后建立了东吴政权。

曹操之子——曹丕

曹操发动赤壁之战,是为了乘胜消灭江东的孙权和依附荆州势力的刘备,统一全国。刘备采纳诸葛亮的建议,联合江东的孙权。孙刘联军用火攻的办法,以少胜多,大败曹军。赤壁之战是三国鼎立局面基本形成的关键性战役。

西晋的统一

天下三分之后,战争并没有停止,因为三国都想统一天下。在这几个政权中,以北方的魏国实力最为强大,最具有统一天下的条件。魏国的司马昭逐渐掌握了魏国大权,随即开始了统一全国的战争。三国之中,以蜀国力量最为弱小,这时诸葛亮已经去世,司马昭决定先灭蜀国。蜀国灭亡后,司马昭的儿子司马炎篡夺了曹魏的政权,建立了晋朝。公元280年,晋军渡过长江,踏平东吴,东吴也灭亡了。混乱的局面终于结束,全国又重新统一。

曹髦对心腹大臣声称,司马昭代魏之心,路人皆知,他决心要亲自讨伐。

五联罐的基本特征是主体为罐形,肩部另附有四个小罐。五罐间并不互相通联。在五罐之间往往堆贴人物、牲畜、鸟虫等。三国时期,五联罐逐渐演变成作为明器的青瓷堆塑罐。

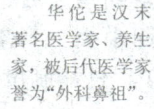

华佗是汉末著名医学家、养生家,被后代医学家誉为"外科鼻祖"。

重陷混乱

西晋的统一局面并没有维持多久。八王之乱、外族的入侵以及统治阶层的奢侈腐朽,使西晋王朝迅速灭亡。公元317年,司马睿建立东晋,定都建康。在北方,数十个少数民族政权先后崛起,史称十六国时期。100余年后,东晋大权落在了将军刘裕手中。公元420年,刘裕自己登上了皇位,建立宋王朝,结束了东晋的统治。此后,历经齐、梁、陈几个王朝,史称南朝;北方则经历了北魏、东魏、西魏、北齐、北周5个朝代,称为北朝。

此期的科学文化成就

这一时期虽然战乱连年,却也有辉煌的科学艺术成就。在文学上,产生了著名的"三曹""建安七子"以及陶渊明等诗人。东晋王羲之的《兰亭序》,是我国书法艺术的瑰宝。在医学方面,著名的神医华佗发明了五禽戏以及"麻沸散"。

《兰亭序》被北宋书法家米芾誉为"天下第一行书"

短命的隋朝

南北朝末期，隋文帝杨坚建立了隋朝，统一了全国，并在很短的时期内就恢复了昔日的繁荣。可惜的是，由于他的继承者隋炀帝杨广荒淫无度，这个王朝在短短几十年后便退出了历史舞台。

隋文帝统一南北

隋文帝

北周武帝死后，大权就落到了大臣杨坚的手中。公元581年，杨坚逼迫幼小的外孙周静帝禅位，建立了隋朝。在打败了突厥之后，隋文帝开始进军南方。陈后主是一个只知吟诗作乐的人，整天和众多的后宫美女一起玩乐，毫不关心国家大事。隋文帝的军队一举击破了陈军，俘虏了躲在井中的陈后主。南北分裂的局面终于宣告结束。

隋朝五铢钱

科举制度

科举制度在隋朝开始形成。魏晋南北朝时期，选拔官吏实行"九品中正制"，造成世家大族把持朝政的局面。隋朝建立后，隋文帝为加强中央的权力，废除九品中正制，将选官的权力收回中央。到隋炀帝时期，国家用考试的办法选拔人才，考取以后就可以做官。科举制度是我国古代选官制度的重大改革，为以后的封建朝代所沿用。

隋朝镶金白玉杯

五牙战船，是隋朝制造的一种大型战船。

京杭大运河

京杭大运河是我国古代一项伟大的水利工程。它以洛阳为中心，北起北京，南到杭州，是我国古代南北交通的大动脉。公元605年，隋炀帝杨广下令开凿大运河。大运河工程浩大，地理形势复杂，却仅用了6年就宣告完成。它也是世界三大人工运河中开凿最早、流程最长的运河。不过，开凿大运河也给当时的老百姓带来沉重的负担，为隋朝的灭亡埋下了伏笔。

隋炀帝的荒淫

隋炀帝即位后，开始大肆享乐。他在运河两岸修建了无数宫殿，以供他出游。他还造了龙舟到江都游玩，用数万人为他拉纤，身边跟随的宫女就有几千人。这种奢侈淫乐的生活自然激起了人们的愤恨，隋朝的统治也风雨飘摇。

隋炀帝杨广是隋朝的第二个皇帝，在他执政期间横征暴敛，人民怨声载道。该图为他游京杭大运河的情景。

唐代开国的君主——李渊

隋朝灭亡

随着农民起义的爆发，各地军阀也纷纷起来反抗隋朝的统治。公元617年，太原留守李渊率军攻克长安，另立新君。第二年，隋朝的禁军首领宇文化及等人发动政变，杀死隋炀帝，率军北上，企图逐鹿中原。李渊知道后，立即废除自己所立的皇帝，自立为君，建立唐朝。至此，隋朝便像流星一样陨落了。

京杭大运河

大唐盛世

随着唐朝的统一,中国进入了一个前所未有的时代。大唐盛世是封建社会发展的顶峰,无论是在哪一方面都取得了辉煌的成就。它的影响是难以磨灭的,直到今天世界其他国家仍然称中国人为"唐人"。

贞观之治

唐太宗即位后,采取许多措施,让老百姓得以休养生息。他在位期间,人口大量增加,社会繁荣,秩序安定。唐太宗深知水能载舟也能覆舟的道理,兢兢业业治理国家。他任用魏征等一批贤才,不怕忠言逆耳,使唐朝发展成了世界强国。

唐太宗李世民是唐朝的第二位皇帝,伟大的军事家、卓越的政治家、著名的理论家、书法家和诗人,堪称"千古一帝"。

女皇武则天

武则天

武则天是中国历史上唯一的女皇帝。她本是太宗的才人,后来成为唐高宗的皇后。唐高宗时期,武则天就开始干预朝政。公元683年,高宗病死,武则天先后废黜了自己的两个儿子,于公元690年称帝,改国号为周。武则天登基后,重视人才的选拔和农业的发展,社会经济得到发展。她的统治上承"贞观之治",下启"开元盛世",是唐朝的一个重要时期。

开元盛世

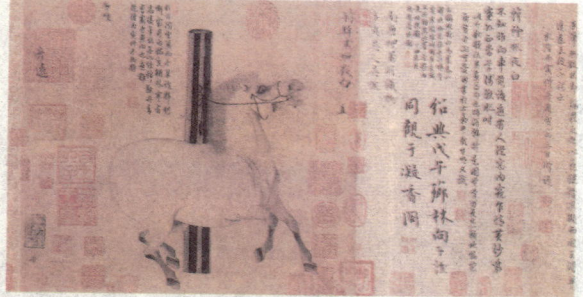
"照夜白"是唐玄宗李隆基所喜爱的坐骑,图中"照夜白"系一木桩上,昂首嘶鸣,四蹄腾骧,似欲挣脱缰索。此图用笔简练,线条纤细有劲,马身微加渲染,将一匹烈马狂暴不羁的神情刻画得栩栩如生。

唐玄宗李隆基在诛灭太平公主后即位。他是一位能干的君主,在他统治的前期,经济繁荣,文化昌盛。这是唐朝极盛的时期,也是中国封建王朝的顶峰。无论是富贵人家,还是平常老百姓,都过着富足的生活。

安史之乱

唐玄宗后期，逐渐过起了腐败的生活。他宠幸杨贵妃，把朝政交给李林甫和杨国忠。节度使安禄山骗取了唐玄宗的信任，野心勃勃地想夺取政权。公元755年，安禄山起兵反唐，唐玄宗仓皇逃往四川。其子唐肃宗任用郭子仪反击叛军，收复了长安和洛阳。后来，安禄山部将史思明杀死安禄山之子安庆绪，史思明又被儿子史朝义杀死。公元762年，唐代宗即位，大败叛军。第二年，史朝义自杀身亡，持续8年之久的安史之乱终于结束。唐王朝经此打击，开始衰落。

杨贵妃上马图

李白

五代十国

早在唐昭宗时期，五代十国的格局就基本形成了。当时，各藩镇之间混战不已，中央无法控制。公元904年，朱温率先发难，把唐昭宗挟持到了汴州。接着，他又杀死昭宗，自立为帝，建立后梁。后来，各地军阀群起而效仿，陆续称帝，形成分裂割据的局面。

唐朝的社会文化发展

唐朝的社会经济与科技文化水平发展到前所未有的高度。我国与周边国家交流十分频繁，首都长安居住着很多侨民，包括远自非洲来的黑人"昆仑奴"。唐朝已经有了世界上最早的印刷术——雕版印刷，造纸术也十分发达，纸制品已经在民间普及。唐代的文化更是灿烂，唐诗的成就空前绝后，出现了李白、杜甫、王维等伟大诗人。在艺术方面，唐三彩与敦煌莫高窟都是令人惊叹的艺术品。

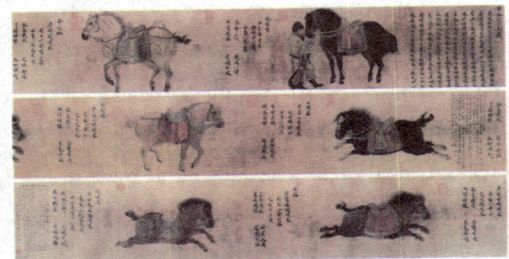

昭陵六骏

舞马衔杯纹银壶　　唐三彩

两宋时期

随着一场自编自演的闹剧上演,中国历史又翻开了新的一页。赵匡胤建立的宋朝已经不复汉唐的辉煌,时时受到北方少数民族的侵扰。北宋灭亡后,南宋政权更是偏安一隅,苟延残喘。但宋代的经济与科技文化却丝毫不比以往逊色,许多伟大的发明在这时产生,优美的宋词也被千古传诵。

陈桥兵变

赵匡胤

后周世宗突然病死,幼子即位,后周出现了不稳定的局面。公元960年,赵匡胤统帅大军驻扎在陈桥驿,开始行动。这天晚上,亲信赵普授意将士将一件黄袍披在酒醉的赵匡胤身上,拥立他为皇帝。赵匡胤又率军回到开封,轻而易举地拿下了京城,正式登上皇位,以"宋"为国号,定都开封。

王安石变法

宋神宗即位后,立志革新,任命王安石进行改革。王安石变法的主要内容有青苗法、农田水利法、方田均税法及保甲法等。新法的推行,产生了显著效果,发展了生产,增加了政府财政收入。但由于新法触犯了大贵族地主等的利益,王安石被迫辞职,新法也全部被废除。

赵匡胤在其弟赵匡义以及赵普、石守信等人策划下秘密行事。公元960年2月3日,军队行至陈桥驿时,他发动兵变,授意将士为他黄袍加身。

靖康之变

辽灭亡后,金国乘胜侵犯北宋。宋徽宗害怕了,急忙把位子传给儿子宋钦宗。宋钦宗也是一个昏君,即位初他迫于形势,起用主战的李纲和金兵打仗。金兵久攻不下,便向宋朝议和,提出了很多苛刻要求。钦宗胆小怕事,竟全盘答应,还罢免了李纲。但金国的野心不止于此,他们又向东京进发。东京城破后,人民还在顽强抵抗,宋钦宗却又前去投降。靖康二年,金军俘虏了宋徽宗和宋钦宗,北宋从此灭亡。这就是著名的"靖康之变"。

精忠报国的岳飞

北宋灭亡后,当时在外带兵的赵构被手下的人拥立为帝,后世称为宋高宗。宋高宗把都城迁到了临安,南宋由此开始。南宋的统治者同样没有丝毫进取心,只知吃喝玩乐。但著名将领岳飞却时刻盼望着能够收复失地。岳飞非常善于带兵,他的岳家军多次大败金军,让敌人闻风丧胆。公元1140年,金国撕毁和约,派兀术为统帅,进军南宋。岳飞率军抗击,几次大败兀术,将兀术逼入绝境。正当岳飞准备乘胜进军时,宋朝的皇帝却连发十二金牌召他回京。后来,岳飞被杀害,年仅39岁。

抗金名将岳飞塑像

岳飞是人人敬仰的爱国英雄,民间广为传颂岳母刺字的故事。据说抗金名将岳飞在宗泽元帅死后,怀才不遇,满怀忧愤离营归家。其母见岳飞报国意志不坚,借古论今并在其背部刺上"精忠报国"四字,以坚其报国之志。

宋代的科技文化成果

宋代的国力虽然弱小,但经济文化却相当繁荣。在科技方面,又出现了一项伟大的发明——活字印刷术。这是北宋庆历年间,一个名叫毕昇的人发明的。文学上,则有欧阳修、李清照、苏轼、陆游、辛弃疾等一大批文学家,留下了不朽的篇章。此外,宋代的制瓷业非常发达,有钧窑、汝窑等五大名窑,烧制的瓷器非常精美。

汝窑莲花式温碗

毕昇

李清照

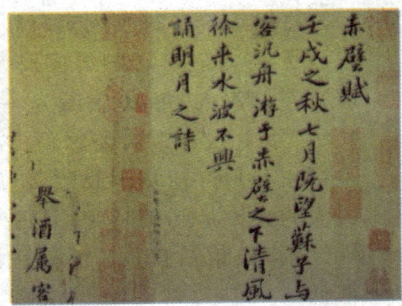

《赤壁赋》是苏轼于"乌台诗案"获释后,被贬为黄州团练副使时所作。

疆域辽阔的元代

元朝是一个少数民族建立的朝代,它结束了南宋时期中国混乱的局面。元代的疆域达到空前的辽阔。但同时,元朝统治者不重视文化发展,致使科举中断,读书人不能参与政治。所以,汉人的知识分子就把精力用在了戏曲的写作上,终于使元曲成为一代之文学。

成吉思汗统一蒙古

成吉思汗是蒙古族的英雄,他带领蒙古族崛起于瀚海,并踏平了很多地方,被称为"天之骄子"。

12世纪前的蒙古草原还处在混乱之中。各部落之间互相残杀,争斗非常激烈。在不到20年的时间里,铁木真征服了其他几十个部族,统一了蒙古草原,建立了蒙古汗国,他被尊称为"成吉思汗"。

蒙骑兵的箭包

忽必烈建立元朝

忽必烈像

忽必烈灭掉南宋后,于公元1264年迁都燕京,改名中都。公元1271年,忽必烈颁布了即位诏书,自称皇帝,建立元朝。元代疆域辽阔,北到西伯利亚,南到南海。1284年,忽必烈还在台湾设立管理机构,台湾在历史上第一次被纳入中国中央政府的版图。

1400年《马可·波罗游记》法文手抄本插图,描绘了波罗家族三人向忽必烈呈交教皇书信和耶稣圣墓中灯油的情景。

元朝的统治

蒙古统治者对汉人实行歧视政策,把汉人列为三等和四等国民。他们还严密控制汉人,每20家编为一"甲",首长称"甲主",由政府委派蒙古人充当。蒙古官员只知道贪污腐败,不知道鼓励生产,并且盲目而凶恶地剥削人民。更大的迫害是赐田制度,蒙古大汗可以随时把汉人的农田,连同农田上的汉人,赏赐给蒙古官员。元朝统治者还废除科举,轻视读书人,读书人的地位很低。

元曲

元代的戏曲十分繁荣,产生了著名的"元曲四大家":关汉卿、王实甫、白朴、马致远。关汉卿的杂剧揭露了社会的黑暗,歌颂了民众的反抗精神,以《窦娥冤》成就最高。白朴的代表作《梧桐雨》,描写了唐明皇与杨贵妃的爱情故事,语言绚丽多彩。马致远的《汉宫秋》叙述的是昭君出塞的故事,但也别出心裁,塑造了一个以民族利益为重的王昭君形象,抨击了皇帝的无能。王实甫的《西厢记》影响更大,它描写了张生和崔莺莺之间的曲折爱情,塑造了红娘、莺莺等生动的艺术形象,曲词缠绵精美,对后世文学和戏曲都有着深远的影响。

这幅《慧女传书》取材于《西厢记》中红娘为张生、崔莺莺传递情书一段。图中红娘躲在屏风的后面,调皮地探出半身,偷偷观察崔莺莺观看情书的表情。

元代简仪模型

元代的社会发展

元代的商业非常繁荣,海外贸易发达。当时的首都大都熙熙攘攘,充满着各国的商人,是当时世界上最宏伟壮丽的城市之一。元朝的纺织业也有很大发展,棉花的普遍种植,改变了传统的以麻布为主要衣料的习惯。元代的山水画成就非凡,影响了明清的画风,成为"文人画"的范本。

内蒙古自治区元代集宁路遗址出土的棕色罗花鸟绣夹衫

蒙古族被称为马背上的民族,人人都特别爱马。上图为赵孟頫的《浴马图》。

大明王朝

元末的红巾起义打击了元朝的统治,朱元璋又给了它最后一击,腐朽残暴的元朝覆灭了。随着传奇皇帝朱元璋统一全国,大明王朝便正式走上了历史舞台,演出了一幕幕悲喜剧。

传奇皇帝朱元璋

朱元璋是历史上最具传奇色彩的帝王之一。他是一个孤儿,生活非常穷苦。郭子兴起兵造反后,朱元璋决定前去投奔。朱元璋的才能很快就显露出来,威望与日俱增,许多有才能的人都来投奔他。后来,朱元璋打败陈友谅和张士诚,势力进一步扩大。接着,他又派徐达和常遇春北伐。公元1368年,朱元璋在应天称帝,国号为"明"。当年的8月,徐达攻破元大都,元朝灭亡。

朱元璋像。朱元璋在建立明朝后实行的八股科举,极大地阻碍了中国社会的思想进步,毒害了一代又一代读书人。

张居正

张居正改革

明朝中期,大量土地被兼并,人民生活穷困,国家财政也出现了危机。张居正在掌握政权后进行了改革。他实行丈量土地的制度,清查被侵占的土地,增加了国家收入。张居正还把赋税和劳役合并起来,折合成银两征收,称为"一条鞭法"。张居正的改革使明朝国力增强,但遭到旧贵族官僚的忌恨。明神宗亲政后,罢免了张居正。张居正的改革措施,除"一条鞭法"外,都被废除。

明朝的衰落

明朝的皇帝大多昏庸无能,躲在深宫之中享乐,这给了一些别有用心的人机会。大奸臣严嵩、大宦官魏忠贤等迫害忠良,祸乱朝政。到了明末,朝政更加腐败黑暗,农民起义风起云涌。在众多的起义队伍中,由闯王李自成领导的大军声势最大。起义军势如破竹,很快就打下了京城,崇祯帝在万岁山(景山)上吊自杀,明朝灭亡。

《平番得胜图》全卷宽43.8厘米、长971.2厘米,描绘了明万历初年平定西北西番族叛乱的全过程。这幅画人物众多、场面宏大,具有很高的艺术价值。

明朝的社会科技发展

明朝的农业水平以及纺织、制瓷、冶铁等手工业水平都超过了前代。明代中后期,在一些地区的一些手工业生产中,出现了资本主义生产关系的萌芽。明代已经有一些传教士来华,带来了西方的科技成果。我国科学家徐光启翻译了《几何原本》,并写成了农业巨著《农政全书》。宋应星完成了巨著《天工开物》,这是世界上第一部关于农业和手工业生产的综合性著作。中医在明代也有很大发展,李时珍的《本草纲目》对药物进行了考察和分类,对后世医学贡献极大。

徐光启一生治学严谨,为官廉正,勇于探索科学知识,是我国近代科学的先驱。

《农政全书》

明代的文学艺术

明代文学的主要成就集中在小说和戏曲上。《水浒传》《三国演义》《西游记》《金瓶梅》被称为明代的"四大奇书"。冯梦龙的《三言》和凌濛初的《二拍》是短篇小说的代表。在戏曲方面,最著名的有汤显祖的《临川四梦》,尤其是《牡丹亭》产生了很大影响。

《徐霞客游记》是我国古代一部名著,它用日记体裁记述了作者的旅行考察,涉及地貌、水文、地质、植物等,开拓了我国地理学系统观察自然、描写自然的新方向。

明代瓷器

地理大探索

明朝前期,明成祖派宦官郑和出使西洋。郑和共7次下西洋,到达30多个国家,最远抵达非洲东海岸和红海沿岸。明代还出现了一位大胆的探险家——徐霞客,他的《徐霞客游记》一书既是系统地考察我国地貌地质的地理巨著,又是一部文字优美的文学佳作。

郑和是我国历史上杰出的航海家

最后一个封建王朝

清朝是由少数民族建立的封建政权,也是中国最后一个王朝。在西方社会已经走上资本主义道路时,清朝却闭关锁国,大兴文字狱,维持着封建的统治。直到外国人的坚船利炮叩开了国门,古老的中国才开始睁眼看世界。

清兵入关

李自成的起义军结束了明朝的统治,但同时起义军也在悄悄发生着变化。大将们忙于搜刮财物,忘记了吴三桂的大军和强大的清兵。就在此时,大将刘宗敏把吴三桂的父亲抓了起来,还抄了吴三桂的家,抢走了吴三

山海关是历史悠久的文化古城,是世界文化遗产之一。

桂的爱妾陈圆圆。吴三桂一气之下,投降清军,要借助清军的势力消灭李自成。在山海关,双方展开大战,李自成在吴三桂和清军的夹击下大败而归,退出了北京。多尔衮在吴三桂的带领下进入北京,开始了清朝在全国的统治。

康熙平定三藩与噶尔丹

南方的三个藩王都是明朝的降将,势力很大。公元1673年,吴三桂率先在云南起兵。经过几年战争,康熙平定了三藩的叛乱。北方的噶尔丹十分骄横,妄想攻打北京城。康熙帝亲自远征,终于打败了噶尔丹。

康熙帝   乾隆射骑图

康乾盛世

康乾盛世是中国封建社会最后一个盛世,耕地面积和人口都远远超过了以前,城市也获得了很大发展,对外贸易十分繁荣,茶叶、丝织品等是主要的出口商品。在这一时期,中国的疆域也再次扩大,超过了汉唐。清代中国版图,从西部巴尔喀什湖到东部海疆,为现在的中国奠定了基础。但这些繁荣都是表面的,清朝的封建统治隐藏着极大的危机。

康熙的铠甲

乾隆皇帝戎装图。乾隆号称"十全老人",意思是完成了10件大的功业,但实际上名过其实。

清代的黄釉粉彩八卦如意转心套瓶

大兴文字狱

清朝是满人建立的少数民族政权,所以对汉人在思想上实施严格的控制。清朝最早的大文字狱,是康熙时的庄廷垅刊刻《明史》案,导致多名无辜的人被杀。康熙朝另一起著名的文字狱是《南山集》案,这起冤案又致使无数人惨遭杀戮与流放。雍正和乾隆时的文字狱规模更大,次数更频繁,理由也更加荒唐。在这种文化专制主义统治下,知识分子不能再议论政治,只能埋头考订古书,这直接影响了科学文化的发展,造成了万马齐喑的黑暗局面。

清代的文化艺术

乾隆在位时,为了对汉族的书籍做一次全面的清查,彻底清除反对清朝统治的思想,决定编修一部大的丛书,这就是《四库全书》。他任命了当时的著名学者纪昀、戴震、姚鼐等人主持编修。这套书共收入3 000多种书,一共有79 337卷。文学方面,清代的长篇小说《红楼梦》是我国古代长篇小说的巅峰之作。另外,《儒林外史》以及文言短篇集《聊斋志异》,也是我国古代小说的典范。我国的国粹京剧也是在清朝乾隆年间形成的。

雍正《行书七言绝句扇面》

《四库全书》是中国历史上规模最大的一套丛书,基本上包括了我国清乾隆以前重要的古籍。

虎门销烟

虎门销烟是中国历史上一件极具意义的大事,它直接导致了后来的鸦片战争。在这场斗争中,爱国官员林则徐和其他的爱国志士展现出抗击外来侵略的决心,但同时,清朝的黑暗腐朽也暴露无遗。

鸦片流入

18世纪下半叶开始,清朝的统治就日益腐朽。当时的英国已经走上了资本主义道路,殖民地遍及全球。但是,它和清朝的贸易却总是吃亏。因为中国是自给自足的小农经济,英国的商品销量一直不高。反观中国,每年光卖给英国的茶叶、丝绸、瓷器就能赚取几百万两白银。为了扭转对华贸易逆差,英国便大量贩卖鸦片到中国。

醉生梦死的鸦片吸食者

鸦片输入后,中国的白银就大量流入英国,清朝的经济迅速陷入危机。更严重的是,鸦片是一种对人体有害的毒品,还很容易上瘾。长此以往,中华民族就要灭亡了。

禁烟的呼声

面对这种危险的局面,许多有识之士都呼吁禁烟,其中呼声最高的是湖广总督林则徐。林则徐上书道光帝,说如果不禁鸦片,那么几十年后中国将没有可用的军队,也没有能维持军队的银子了。这道奏折让道光帝触目惊心,他派林则徐为钦差大臣,前往广东禁烟。

林则徐

道光皇帝即清宣宗,嘉庆的次子。1821—1850年在位,派林则徐赴广州查禁鸦片,但鸦片战争中,举棋不定,时战时和。

禁烟广州

林则徐到广州后,派人控制了英国商馆,命令英国人交出鸦片。英国的鸦片贩子颠地呈报了1 000箱,企图以此蒙骗过关。但林则徐知道他在说谎,下令传讯他。义律包庇颠地,将他藏在自己的商馆里。林则徐果断下令,派兵包围了商馆。义律只得交出了几万箱鸦片。

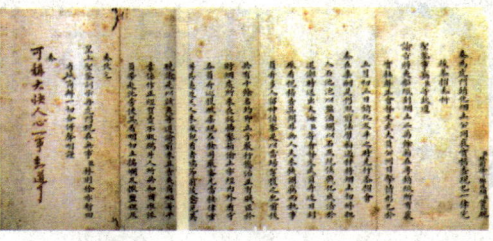

《林则徐邓廷桢怡良等奏虎门销烟一律完竣折》

虎门销烟

1839年,虎门搭起了一座礼台,围满了从四面八方赶来的群众。下午,销烟正式开始。虎门码头的海滩上,已经挖掘了两个大池子。里面放着盐,引入海水后投入鸦片,再放上石灰。池中沸腾了,鸦片化尽了。林则徐共销毁了鸦片几百万斤,人民欢欣鼓舞。

未雨绸缪

为彻底杜绝鸦片,林则徐要求所有外国人不许走私鸦片,一旦违反,人要被正法。他还加强了海岸的军事防备。林则徐向世界展现了中国人禁烟的决心,谱写了中国人民反抗外国侵略的光辉篇章。

风起云涌的时代
近代和现代

鸦片战争后，古老中国的国门被打开。腐败无能的清政府丧权辱国，不断同西方列强签订不平等条约。深重的灾难降临到中国人民的头上，中国人民奋起反抗，视死如归。洪秀全的太平天国沉重打击了清朝的统治，却并没有为中国人民指出一条光明的道路。孙中山领导的辛亥革命推翻了清朝的统治，中国从此进入了一个新的历史时期。在与日本帝国主义抗争八年后，中华民族终于赢得了胜利。中华人民共和国的成立，使中国真正摆脱了屈辱的过去，迎来了光明的未来。

第一次鸦片战争

第一次鸦片战争是中国近代史的开端,也是半殖民地半封建社会的开始。从此之后,中国的大国地位不复存在,沦为任人宰割的弱国。腐败的清政府丧权辱国,也为自己敲响了丧钟。

第一次鸦片战争海战的情景

英军挑衅

林则徐的虎门销烟,打击了西方国家的嚣张气焰。但同时,也激怒了英国殖民主义者。英国政府恼羞成怒,决定向中国发动战争。公元1840年6月,英国远征军司令义律率领近50艘舰船和4000多名士兵组成的"东方远征军"气势汹汹地来到广东,第一次鸦片战争爆发。

中英谈判

1840年8月,义律率舰队北上,进逼天津大沽口,要求中国政府惩办林则徐,还要赔礼、赔款和割让土地。道光帝害怕了,罢免了林则徐,改派琦善为钦差大臣,赴广州议和。琦善到达广州后,遣散了林则徐招募的兵勇,不准添造船炮,还为英军送了食物慰劳。他以为这样就能缓和英国人的敌对情绪,顺利进行谈判。但义律看到这种情况,气焰更加嚣张,谈判的难度更大了。

关天培

两国交战

英军不满意谈判的进展,出动军队攻占了虎门。道光帝闻讯后大怒,立刻对英国宣战。他派奕山为靖远将军,从全国调集了兵力支援广州。镇守虎门的将士只有400人左右,奕山却一直不肯增援。虎门提督关天培一直顽强抵抗,和英军展开肉搏,最后壮烈牺牲。之后,英军开始对广州发动猛烈进攻,兵分两路,占领了城西南的商馆和东北的炮台。随即,他们又开始炮轰广州城。奕山此时已经吓破了胆,他向英军乞和,接受了英国的条件,赔款600万两白银。但英国政府却不满意义律的谈判结果,于是改派璞鼎查为全权公使,扩大侵略战争。腐败无能的清政府无力抵抗,厦门、宁波、上海等地相继失守。道光帝又派耆英到南京乞和。

南京条约

1842年,第一次鸦片战争后签订的《南京条约》将香港割让给英国。

耆英与璞鼎查于1842年8月29日在英国军舰上签订了中国近代史上第一个不平等条约——《南京条约》,第一次鸦片战争结束。《南京条约》的主要内容有:将香港租借给英国;中国政府赔款白银2 100万两,不包括之前广州的赎城费600万两;规定开放广州、福州、厦门、宁波、上海为通商口岸;关税由英国控制;英国人有领事裁判权;英国享有片面最惠国待遇。《南京条约》及其补充条约极大地损害了中国的利益,使英国获取了很多特权。

屈辱的开始

《南京条约》签订后,中国被迫打开了封闭的国门。从此,外国侵略者接踵而至,中国沦为了半殖民地半封建社会。中国的领土主权遭到破坏,自给自足的自然经济开始解体,逐渐成为资本主义国家的商品市场和原料产地。鸦片战争后,我国的社会结构也开始发生变化,产生了一批买办商人和最早的产业工人。

澳门炮台广河是澳门的一个条约港口,是中国在第一次鸦片战争结束后,接受欧洲各国列强不平等条约的结果。

太平天国起义

太平天国起义是中国旧式农民战争的顶峰,它沉重地打击了清政府的统治,也打击了外国资本主义的侵略势力,揭开了旧民主主义革命的序幕。虽然它最终覆灭了,但那些人物仍然留在了人们心中。

双重压迫

鸦片战争后,西方列强加紧了对中国的侵略,清政府对人民的压迫也更加残酷。鸦片战争中的军费和对外的赔款,全都加到了广大农民和其他生产者身上。再加上连年的灾害和银价的上涨,广大农民流离失所,衣食无着。这时,农民起义风起云涌,遍及全国。

洪秀全创拜上帝会

洪秀全出身于广东的一个普通农民家庭,早年参加过几次科举考试,但都名落孙山。这时,他接触到基督教的一些思想,受到极大震撼。于是,洪秀全利用基督教的一些教义和仪式,加上自己的解说,和同学一起,创立了"拜上帝会",在穷苦民众中宣传。这样,"拜上帝会"的影响迅速扩大。

洪秀全

金田起义

1850年7月,洪秀全命令各地会员向金田村集中,在自己生日那天正式起义。到了年底,已经在金田聚集了几万人。当时,广西各地的天地会起义活动频繁,吸引了清朝统治者的注意,很好地掩护了洪秀全的活动。1851年1月11日,洪秀全在金田正式宣布起义,建立了"太平天国",举起了推翻清朝统治的大旗。

在清政府和外国列强的双重压迫与剥削下,广大的劳动人民生活在水深火热之中,衣不蔽体,食不果腹,社会矛盾不断加剧,各地的人民纷纷起义反抗。

凯歌频传

金田起义之后,太平军开始了反抗清政府的战争。一路上,捷报频传,太平军迅速攻占了武宣、永安州、桂平等地。在永安,太平军举行了封王大典,封杨秀清为东王、萧朝贵为西王、冯云山为南王、韦昌辉为北王、石达开为翼王。随后,太平军继续北上,攻占了岳州、汉阳、汉口、武昌和南京。太平天国进入南京后,将南京定为首都,号"天京"。

太平天国改革

定都天京后,太平天国颁布了《天朝田亩制度》作为基本国策。这项政策的核心就是平均分配土地,以实现"有田同耕,有饭同食""无处不均匀,无处不饱暖"的理想。但是,在战争的环境下,这种理想没有实施的可能。

太平天国将士

太平天国衰落

进入南京后,洪秀全深居简出,不理朝政,使得杨秀清专权。洪秀全暗调韦昌辉和石达开回来诛杀杨秀清。这场斗争非常惨烈,杨秀清、韦昌辉被杀,石达开出走,严重削弱了太平天国的实力。清政府抓住时机,任用曾国藩等加紧了对太平军的围剿。最后,在曾国藩等人的联合打击下,洪秀全病逝,天京陷落,历时14年的太平天国落下了帷幕。

戊戌变法

戊戌变法是我国近代史上一次重要的资产阶级改良运动,虽然以失败告终,却对中国社会产生了重要的影响。在戊戌变法中壮烈牺牲的"六君子",更是以自己的鲜血唤醒了中华民族改革求变的意识。

康有为

19世纪七八十年代以来,中国的民族资本主义在帝国主义和封建统治的夹缝中艰难发展。这时,一些先进的知识分子强烈要求改变屈辱腐朽的局面,主张学习西方资本主义,进行改革。康有为和梁启超就是其中的代表人物。康有为在接触了西方的书籍后,对西方开始有了了解。随后,他的香港之行使他的思想发生了剧烈的变化。1891年,康有为在广州设立"万木草堂",招收学生,宣传维新思想。他的学生中就有梁启超、陈千秋等后来的维新运动骨干。在此期间,康有为还撰写了《新学伪经考》和《孔子改制考》,震动了思想界。

康有为是清末民初最重要的思想家之一。他在中国近代思想史上,不是旧学的殿军,而是新思潮的先驱。

公车上书

随着中国在中日甲午战争中失败,中国陷入了被帝国主义瓜分的狂潮中。帝国主义国家纷纷前来争抢,强占"租借地",划分"势力范围"。当时正在北京参加科举考试的康有为听到消息,悲愤交加,发动与他一起考试的1 000多人,联名上书光绪皇帝,提出了"拒和、迁都、变法"的主张。这次上书就是著名的"公车上书"。上书虽然遭到清政府的拒绝,但它的内容在社会上产生了广泛的影响。

康有为书法作品

百日维新

在德国强占胶州湾后，中国的形势更加危急。康有为再次赶到北京，上书光绪帝，提出变法的主张及政策。光绪帝这次在西花厅接见了康有为，咨询了变法事宜。1898年6月11日，光绪帝宣布变法维新。从这天到9月21日共100余天内，光绪帝颁布了几十条维新法令，推行新政。变法的内容主要有废除八股，培养人才；办报纸；振兴工商业；增强军事实力；立宪法，开议会等。

光绪像

戊戌六君子

新政代表的是资产阶级的利益，遭到了以慈禧为首的封建顽固派的反对。由于袁世凯的告密，1898年9月21日，慈禧太后发动政变，囚禁光绪，捕杀维新派。几天后，谭嗣同、杨锐、林旭、刘光第、康广仁、杨深秀6人壮烈牺牲，血染菜市口，史称"戊戌六君子"。康有为逃到香港，梁启超逃到日本。

受康有为变法主张影响，光绪于1898年6月颁布《定国是诏》，宣布变法。慈禧太后和官员发起反攻，变法失败，光绪的皇位实际被罢黜。变法失败后，谭嗣同等六人被杀。图为当时报纸对这一事件的新闻报道。

维新运动的意义

维新运动虽然由于种种原因失败了，但它对后来的清末新政和辛亥革命都产生了影响。一些措施在几年后被走投无路的清政府采用。维新运动中的唯一幸存成果——京师大学堂，也就是后来的北京大学，是中国第一所近代意义上的大学。北京大学在后来的新文化运动中起了重要的作用。

辛亥革命

不管是洋务运动,还是清政府的所谓"新政",都已经对清朝这个长满毒瘤的垂死病人无能为力了。随着武昌起义的滚滚硝烟,中国最后一个封建王朝终于被革命者埋葬了。辛亥革命的光辉,照亮了古老中国的前途,中国从此进入了一个新的时期。

孙中山和中国同盟会

20世纪初,亚洲范围内掀起了广泛的反帝反封建斗争,中国的资产阶级也希望掀起一场革命。当时,中国已经有了一些革命的小团体,如孙中山创建的兴中会、浙江的光复会等。在斗争中,他们逐渐认识到,一定要建立一个全国性的政党才能完成革命任务。一向重视革命团体联合斗争的孙中山,一直在为建立全国性的革命大团体而奔走。经过紧张的筹备,1905年,中国同盟会在日本东京成立。大会以"驱除鞑虏,恢复中华,创立民国,平均地权"为宗旨,推举孙中山为同盟会总理。1905年11月,孙中山把同盟会的宗旨概括为"民族、民权、民生"三大主义。

孙中山

保路运动

当革命党人正在积极准备发动革命时,1911年夏天又爆发了四川保路运动。当时,腐败的清政府公布了"铁路国有"政策,把铁路的修建权出卖给帝国主义。这立即激起了人民群众的反抗,掀起了波澜壮阔的保路运动。清政府派兵进入四川镇压,使湖北防务空虚,为武昌起义创造了条件。

同盟会成立后,孙中山在南方策划和组织了多次武装起义,黄兴任前敌总指挥,亲临战场,直接指挥了钦廉、镇南关和黄花岗等多次起义。

武昌起义

保路风潮兴起时，湖北武昌的文学社和共进会便积极准备寻找机会发动武装起义。1911年10月9日，孙武在汉口机关制造炸弹时不幸发生爆炸，起义机密泄漏，一些革命党人被捕并遭杀害。武昌城内新军中的革命党人决心反抗，杀死了清军头目，打响了武昌起义的枪声。经过一夜战斗，11日，起义军占领武昌城，武昌起义胜利了！后来，起义军又攻占了汉阳、汉口。消息传出，全国和全世界都震动了。

革命军占领武昌全城，以白布为旗，遍插城上，全城各营军士，各机关、学校均闻风而动，手缠白布，响应起义。

创建民国的三领袖，从左至右依次为黎元洪、孙文、黄兴。此图为武昌起义后上海商务印书馆发行的明信片。

中华民国成立

湖北军政府在武昌起义后成立。由于孙中山当时还在国外，黄兴也在香港，所以起义军推举黎元洪为都督。在短短几个月内，湖南等十几个省宣布独立，革命迅速扩大到全国。1912年1月1日，中华民国临时政府成立，孙中山就任临时大总统。就在这一年的2月12日，清帝退位，清朝终于灭亡，中国从此进入了一个新的历史阶段。

辛亥革命的意义

辛亥革命震惊了中外，在中国历史上写下了光辉的一页。它推翻了清朝的统治，结束了中国2000多年的封建统治。这是中国历史上的创举，也是整个东方文明史上的创举。从此之后，民主共和的思想观念深入人心，封建统治再也无法在中国延续。

武昌起义取得胜利后，由革命党人在湖北成立咨议局。右图为武昌军政府。

五四运动

辛亥革命虽然推翻了清朝的封建统治，但并没有从根本上改变中国半殖民地半封建社会的落后面貌。这时，一场风起云涌的爱国民主运动正在中国的大地上酝酿着，这就是伟大的五四运动。

巴黎和会上的屈辱

1918年，第一次世界大战结束。中国政府因在大战时加入了协约国，所以也以战胜国的资格出席了1919年在巴黎举行的"和平会议"。但整个会议是由英、美、法等帝国主义国家操纵的，不仅没有答应中国政府收回山东权益，反而将德国在山东的权益转交给了日本。中国作为一个战胜国，竟然和战败国一样遭受这种奇耻大辱。消息传到国内，全国一片哗然，群情激愤。

1919年1月，第一次世界大战的参战国在巴黎凡尔赛宫召开巴黎和会，签订了处置战败国德国的《凡尔赛和约》。

北京爱国学生运动

1919年5月3日，北京大学的一些社团联合其他学生代表在北大集会，一致决定第二天到天安门前举行示威活动。5月4日，北京大学等十几所学校的数千人齐聚天安门广场，开始了大示威。学生们手持旗帜和条幅，高喊口号，列队游行。走到东交民巷西口，被使馆的巡捕和政府的军警阻拦。大家怒气冲天，又冲到曹汝霖的住宅。有学生从窗口率先跳入院内，打开了大门，愤怒的学生和群众蜂拥而入。北京的军警前来镇压，逮捕了几十名学生。5日，北京各专科以上的学校实行总罢课。后来，学生们又纷纷走上街头，向群众进行爱国宣传。在各界的声援下，北京政府不得不释放了被捕的学生。

1919年5月，北京的工人、商人纷纷走上街头，支持学生运动。高呼"外争国权，内惩国贼""取消二十一条""拒绝和约签字"等口号，历史上称之为"五四运动"。

爱国运动的发展

北京政府仍然执迷不悟,他们不但庇护卖国贼曹汝霖,还对北大校长蔡元培施加压力,导致蔡元培辞职。学生们的反抗更加激烈,不仅再次罢课,还组织义勇队,准备掀起更大的斗争。北京政府更加严厉地镇压学生,命令学生复课,还逮捕了数百名学生。学生们并没有畏惧,甚至在警察厅门前演讲。激昂的演讲感动了无数的群众,许多人都不禁流下了热泪。

蔡元培,时任北京大学校长。他具有先进的办学理念,在五四运动后被迫辞职

三罢斗争

1919年6月,北京学生联合会向全国发出通电,报告了北京学生被捕的惨状,立即引起了其他地方学生的强烈反应。第二天,上海的学生就响应号召,纷纷走上街头。6月5日,上海的工人也开始罢工,以声援学生运动。罢工的规模不断扩大,迅速蔓延到各个行业和各个地方。自此,五四运动突破了知识分子的狭小范围,成了有工人阶级、资产阶级参加的全国性的革命运动。运动的中心由北京转移到上海,斗争的主力也由学生转为工人。在全国人民的反对声中,北洋军阀不得不释放了被捕学生。中国在巴黎和会的谈判代表也终于没有在和约上签字。

五四运动中,国立北京大学的游行队伍。

1919年5月4日,众多爱国学生在天安门集合,举行抗议示威游行。

五四运动的意义

五四运动具有划时代的意义,是中国革命从旧民主主义转向新民主主义的转折点。五四运动还促进了马克思主义在中国的传播,为中国共产党的成立做了思想上的准备。

表现五四运动的浮雕

抗日战争

坂垣征四郎是发动对华战争的倡导者和"九一八"事变的主要策划者。

日本明治维新后,迅速强大起来。同时,它也把侵略的魔爪伸向了中国。在这场惨烈持久的大战中,无数中华儿女付出了自己的生命,最终赶走了侵略者,书写了可歌可泣的历史篇章。

九一八事变

1929年,西方国家发生经济危机,欧洲法西斯势力崛起,加紧对外扩张。这时,日本趁西方国家无暇东顾之机,发动了罪恶的侵华战争,妄图把中国变成它独占的殖民地。1931年9月18日,日本关东军诬陷中国军队炸毁铁路,向中国东北驻军发起了进攻。当时的国民政府对日本侵略者采取了不抵抗政策,致使东北的大好河山被日寇的铁蹄践踏。

1931年9月19日晨,日军攻上沈阳外攘门,在城墙上向中国军队射击。

西安事变

日军的气焰非常嚣张,在几年之内就攻占了中国的河北、察哈尔、绥远等地。1936年12月12日,爱国将领张学良和杨虎城发动西安事变,迫使蒋介石与中国共产党合作,建立了抗日民族统一战线。

西安事变前夕的张学良和杨虎城

全面进攻

1937年7月7日,驻扎在华北的日本军队向驻扎在北平西南卢沟桥的中国军队发动了猛攻,中国第29军奋起反抗,抗日战争由此全面展开。七七事变后,日本政府大举增兵,企图凭借着军事上的优势和经济实力,速战速决占领中国。中国军队顽强抵抗,但由于装备、训练落后,还是节节败退。日军占领南京后,国民政府迁到了武汉、重庆。在南京,残忍的日本军队对中国军民实行了惨绝人寰的大屠杀,30多万中国人民被残忍地杀害。

战争相持

1938年10月以后，日军暴露出兵源少、财力不足等弱点，被迫停止了战略进攻。国民政府军事委员会针对日军的战略变化，决定在坚持持久战的方针下，在正面战场发动进攻，在敌占区展开游击战。1941年底至1943年，中国军队和日军进行了几次大的会战，如长沙会战、浙赣战役和常德会战。

"柳条湖事件"，日军栽赃东北军的所谓"物证"：几顶东北军的帽子、一支步枪、两根被炸的枕木。

抗战胜利

随着中途岛海战的失败，日本海军陷入被动。美国等国家组成的军队发起了反攻，日军节节败退。1945年春夏之际，盟军的攻势更加猛烈，迅速向日本本土逼近。我国的正面部队也进行了桂柳、湘西反攻。德国投降后，中、美、英三国发布了《波茨坦公告》，敦促日本投降，日本政府却负隅顽抗。8月，美国在日本投下两颗原子弹，苏联军队也出兵中国东北。8月15日，日本政府正式宣布投降。9月，侵华日军总司令冈村宁次向中国政府代表呈交了投降书。中国的抗日战争终于取得了胜利！

1927年6月27日，日本首相田中义一（右三）召集内阁成员在东京召开了"东方会议"，揭开了日本帝国主义侵华的序幕。

伟大的民族解放战争

抗日战争在中国历史上具有极其重大的意义。从鸦片战争以来，中华民族备受欺凌，饱受帝国主义的奴役。抗战胜利则洗雪了我们百年的民族耻辱，恢复了民族的自信心。这也是中华民族第一次取得反对帝国主义侵略战争的完全胜利，振奋了中国人民的民族精神。

日军侵占下的沈阳市区

中华人民共和国成立

中国在古代曾经创造了辉煌的文明,在近代却沦为任人宰割的半殖民地。鸦片战争后,我们受尽了屈辱。在这 100 多年的时间里,无数华夏儿女为祖国抛头颅、洒热血,终于迎来了这历史性的时刻。

重庆谈判

抗日战争胜利后,国际形势发生了很大的变化,中国的政局也出现了新的变化,中国共产党的力量有了很大发展。国民党与共产党在重庆进行谈判,并签订了《双十协定》。但蒋介石根本没有诚意与中国共产党合作,他企图用武力解决问题,大规模的内战即将爆发。

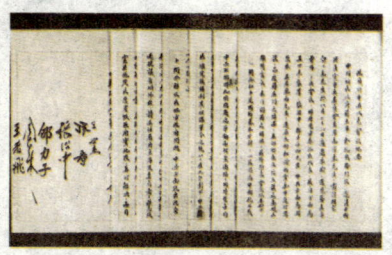

《双十协定》

三大战役

1946 年,蒋介石撕毁停战协议,悍然向解放区发动全面进攻。为了战胜国民党,1948 年 9 月 12 日至 1949 年 1 月 31 日,由中国共产党领导的人民解放军接连发动了规模空前的辽沈、淮海、平津战役。三大战役历时 141 天,给国民党维护自身统治的武装力量以毁灭性打击,为解放全中国奠定了基础。1949 年 4 月 20 日,人民解放军发起渡江战役,于 4 月 23 日占领南京,宣告了国民党统治的灭亡。

中国人民解放军进入北平。

1949 年 10 月 1 日,中国人民解放军高射炮部队经过天安门城楼。

筹备建国

1949 年,中国人民政治协商会议第一届全体会议在北平召开。大会选举了毛泽东为中央人民政府主席,任命周恩来为中央人民政府政务院总理兼外交部长。

开国典礼

1949年10月1日下午2时55分,毛泽东、朱德、周恩来等党和国家领导人登上天安门城楼,举行了开国大典。天安门广场上早已汇集了从四面八方赶来的群众队伍,大家都在等待着这伟大时刻的到来。典礼开始,毛主席宣布:"中华人民共和国中央人民政府在今天成立了!"大家都激动不已,为新中国的成立而欢呼雀跃。历经百年沧桑的中华民族,终于站了起来。典礼一直持续到晚上,首都军民载歌载舞,尽情欢乐,以庆祝我们伟大祖国的新生。

中华人民共和国中央人民政府主席毛泽东,在北京天安门城楼上宣布中华人民共和国中央人民政府成立。

开辟新纪元

中华人民共和国的成立,实现了国家的统一,为中华民族走向复兴提供了坚实的基础。从此,中国的历史进入了一个新的时代。中国人民站了起来,中华民族再也不受欺侮了。经过六十多年特别是最近三十多年的发展,我国发生了翻天覆地的变化,各项事业取得巨大进步。如今,在中国共产党的领导下,中国正走在通往繁荣和谐社会的道路上。

1949年10月1日,中华人民共和国在天安门举行了开国大典,天安门由此成为现代中国的象征。

人类文明的起源
古代文明

在茹毛饮血的原始社会之后，人类终于迎来了文明的曙光。肥沃的两河流域出现了人类最初的文明——美索不达米亚文明。在东方大地上，神秘的古埃及、印度以及中国各自形成了自己的文化传统，影响了周围的广大地区。这一时期的西方，产生了对后世影响极其深远的古希腊和古罗马文明。在这些延续千年的文明之外，还有一个失落了的神秘文明——玛雅文明。玛雅文明在鼎盛之后又突然消失，引起了后人无尽的好奇和遐想。

美索不达米亚文明

大约在公元前4000年，苏美尔人就搬到了广袤平坦的美索不达米亚平原，在这里创造出灿烂的文明。苏美尔人退出历史舞台后，强大的巴比伦王国又在此建立。公元前6世纪，波斯人踏上了这片美丽的土地，美索不达米亚文明就此终结。

刻有楔形文字的苏美尔泥板

苏美尔文明

早在公元前4500年左右，苏美尔人就在底格里斯河和幼发拉底河之间定居。约在公元前3000年，苏美尔人建立了自己的城邦。他们发明了两轮的战车和四轮的货车。苏美尔人还发明了最早的绘画文字——楔形文字，主要用于记录商贸往来和农牧业的账目。他们发明的太阴历也是早期人类的重要成果之一。苏美尔人还建造神庙，崇拜一些被人格化的自然力量。这些神庙规模庞大，多用晒干的泥板和泥砖建成。

汉谟拉比头像

汉谟拉比法典石柱

古巴比伦王国

约在公元前1894年，阿摩利人入侵苏美尔，建立了以巴比伦城为首都的王国，史称巴比伦王国。第六代国王汉谟拉比即位后，统一了两河流域，建立起一个从波斯湾到地中海的中央集权的奴隶制帝国。汉谟拉比制定了著名的《汉谟拉比法典》，对后世影响深远。古巴比伦还出现了一部不朽的文学作品——《吉尔伽美什》，是世界迄今所知的最早史诗。

古巴比伦的另一个辉煌成就是数学方面的。他们已经开始使用乘法和除法表以及计算平方根、立方根、倒数和指数的表格。我们现在把一天分为24个小时，1小时分为60分钟，这也是从古巴比伦数学中来的。

墓室镶嵌画，描绘了苏美尔人作战及取胜的情况。画面虽然表现了众多的人物，但却有条不紊，显示了苏美尔人高超的技艺。

巴比伦空中花园复原图

黑暗时代

小亚细亚东部的赫梯人是世界上最早使用铁器的民族。他们用铁器制造了大量锋利的武器，作战时所向披靡。公元前1595年，这些赫梯人洗劫了繁华的巴比伦城。喀西特人利用这个机会进入这个地区，统治了几百年。在他们统治期间，文化、思想、宗教各方面都没有什么创新和成就，所以这个时期就被称为"黑暗时代"。

亚述帝国

公元前13世纪以前，居住在底格里斯河中游的亚述人曾被许多外族先后征服。后来，亚述人终于崛起，他们用铁制的武器征服了许多城邦。特别是在亚述王帕拉沙尔三世统治时期，帝国空前强盛。公元前612年左右，亚述帝国的都城被伽勒底人和米底人攻陷，亚述帝国灭亡。

帕拉沙尔三世浮雕

新巴比伦王国

约公元前626年，伽勒底人建立了自己的王国，定都巴比伦城，史称"新巴比伦王国"。新巴比伦时期，一位著名的君主尼布甲尼撒二世攻陷了耶路撒冷，灭掉了犹太王国。大批犹太人被他俘虏到巴比伦，称为"巴比伦之囚"。公元前539年，波斯的军队攻占了巴比伦城，新巴比伦王国覆亡。

巴比伦"游行大道"墙壁上的狮子

正在建造中的巴别塔

神秘的古埃及

金字塔、卡纳克神庙、狮身人面像,这些古埃及的文明遗迹至今震撼着我们。在尼罗河的滋养下,古代埃及人创造了持续3 000多年的文明。古埃及和古代中国、古印度、古巴比伦并称为世界四大文明古国。

文明古国的诞生

约公元前4000年,尼罗河地区就出现了很多小的国家。经过长期的混战,形成了上埃及和下埃及两个王国。公元前3100年左右,上埃及的国王征服了下埃及,最终实现了埃及的统一。埃及的早王朝时期开始了,它持续了大约400年。

卡纳克神庙

古王国时期

埃及的早王朝最终被左塞王的统治所取代。左塞王创建了古王国,他的统治标志着王室专制时代的开始。古王国法老的权力很大,几乎没有任何限制。他们自称为太阳神的后代,也是宗教的首领。在这一时期,埃及人建造了大量的金字塔。最著名的金字塔就是第四王朝的法老胡夫的金字塔。这座金字塔是所有金字塔中规模最大的,是几十万工人花费了大约30年的时间才修建完成的。

黄金时代

古王国结束之后，公元前2040年左右，第十一王朝恢复了中央集权的统治，从此开始了中王朝时期。在第十二王朝统治期间，古埃及获得了前所未有的发展。不论是社会经济还是科技文化，都结出了累累硕果。

装木乃伊的石棺

新王国时期

公元前1560年左右，埃及人的英雄阿赫摩斯驱逐了异族的征服者，建立起了埃及的第十八王朝，埃及也由此进入了新王国时期。第十八王朝的图特摩斯经过长年的征战，击败了叙利亚联军，并把埃及的国界拓展到尼罗河第四瀑布以外。至此，一个强盛的埃及帝国终于崛起。

阿赫摩斯一世，古埃及第十八王朝创立者，埃及第十七王朝最后一位法老卡摩斯的弟弟。他继承其兄长的事业，使矣及获得复兴。他的王朝标志着埃及史上新王国时期的开始。

图坦卡蒙面具

异族入侵

公元前225年，波斯的侵略者击败埃及的军队，占领了埃及。埃及从此丧失了独立的地位，成为波斯帝国的一部分。波斯帝国衰落后，埃及又被马其顿人和罗马人统治，始终没能独立。

灿烂的古埃及文明

除了金字塔之外，古埃及人还建造了宏伟的神庙，尤其是位于尼罗河上游的阿布·辛拜勒神庙，令人叹为观止。古埃及人还发明了象形文字，制定了比苏美尔人的太阴历更准确的历法。当时的埃及商贸也十分繁荣，尼罗河上满载着货物的船只络绎不绝。他们能买到别的国家的黄金、钻石和珍禽异兽，并从北方的国家进口建筑需要的木料。在医学方面，古埃及人已经懂得如何处理骨折，还会用刀、钳子等工具进行简单的外科手术。

阿布·辛拜勒神庙

古希腊文明

古希腊文明是西方文明的起源。它的民主政治,它的哲学思想,无不对西方社会有着深入骨髓的影响。在现代的西方文明中,我们依然能够看到古希腊文明的影子,它的印记是无法磨灭的。

克诺索斯王宫室内

克里特文明

克里特文明是希腊最早的文明。公元前3200年左右,克里特岛出现了最初的国家。克里特以宏伟壮丽的宫殿和精美的工艺品著称,最神奇的就是传说中的米诺斯的迷宫。据说米诺斯是克里特的一位国王,他请代达罗斯为他设计宫殿。这座宫殿不仅豪华壮丽,而且结构非常复杂,就像一个迷宫。

迈锡尼文明

米诺斯的王宫在公元前1450年左右被迈锡尼人占领。迈锡尼一度非常强盛,攻打过埃及、赫梯和特洛伊。但在公元前1200年左右,迈锡尼被多利亚人所灭,从此希腊进入了"黑暗时代"。

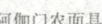

阿伽门农面具

城邦的兴起

在公元前8世纪,一些独立的城邦开始形成。最著名的城邦有雅典、科林斯、底比斯等。这些城邦由城市和乡村构成,有各自的政府体制和规章制度。人们在城中建立神庙,将某位神祇选为保护神供奉起来。在雅典,就有著名的帕特农神庙等,显示了城邦极盛时期人们的非凡创造水平。

帕特农神庙

希腊的殖民运动

随着城邦的兴起，希腊半岛上的人口也大量增加，希腊半岛顿时显得格外拥挤。于是，希腊人进行了大规模的海外殖民活动。他们的殖民地扩展到黑海沿岸和意大利南部，有的甚至远至法国和西班牙。这些殖民地中有一部分是作为商站建立的。

古希腊陶瓶画

古典时期

希腊的古典时期开始于公元前500年左右。在这一时期，发生了著名的希波战争和伯罗奔尼撒战争。希波战争是希腊与波斯的战争；伯罗奔尼撒战争则是分别以雅典和斯巴达为首的希腊城邦间的斗争，虽然最后斯巴达击败了雅典，但旷日持久的战争使希腊民穷财尽，从兴盛走向衰落。此时，希腊北部的马其顿王国崛起，成为希腊地区的霸主。

伊苏斯战役后，波斯军队的大批武器装备和金银财宝都落入了亚历山大手中。伊苏斯战役的胜利为马其顿军队开辟了通向叙利亚和埃及的道路。

希腊的政治和思想文化

雅典是奴隶制国家民主政治的典范。它允许每个公民对国家事务发表意见，虽然公民只限于非奴隶的男子。雅典每年要从公民中抽签产生一个几百人的委员会，负责法律、政策的提议。公民在集会上进行表决，决定是否接受这些提案。除了民主制，在思想文化方面，古希腊也有着辉煌的成就。希腊的神话和戏剧以及著名的《荷马史诗》至今流传，对后世文学产生了巨大影响。古希腊的哲学是西方哲学的发源地，在这里产生了苏格拉底、柏拉图和亚里士多德。

荷马行吟图

拉斐尔为教皇尤利乌斯二世的书斋所作的壁画。画面正中二人是柏拉图（左）和亚里士多德（右），他们在进行着激烈的争论。

古罗马

古罗马的历史是一部五光十色的历史。在那段辉煌的岁月中，留下的不仅有恺撒、屋大维、斯巴达克的英雄传奇，还有安东尼和埃及女王的浪漫故事。现在的我们，不管是通过文字还是银幕，依然能够感受到它的心跳。

古罗马的形成

公元前8世纪之前，意大利北部就散布着许多氏族部落。这些部落经过战争，逐渐合并成为罗马城。根据传说，建立罗马城的是两位战神的后代。他们在出生后就被丢弃，是母狼哺育了他们。兄弟俩长大后建立起了一座城市，哥哥罗慕洛斯以自己的名字为城市命名为"罗马"。

母狼乳婴雕像

王政时代

相传从罗慕洛斯建城到公元前516年，先后有过7个国王。前4个国王统治时期为"王政时代"的前期。这时仍是原始社会的末期，社会制度还属于军事民主制。"王政时代"的后期，随着铁器的普遍使用，奴隶制经济与私有关系都有了发展。大量移民涌入罗马，氏族内部的平等逐渐发生动摇。贵族经济特权得到加强，而普通成员则越来越贫困。

共和时代

公元前510年，王政时代最后一个国王被人民赶出了罗马。随后，罗马人进入了共和时期。罗马共和国实际上是由贵族共同执政的贵族共和国。主持国家行政的执政官是从贵族中选举产生，任期一年，退休后进入元老院。但在遇到战争等大事时，由元老院从执政官中选出一人总揽大权。这位"独裁者"的任期是半年。

在元老院召开会议

恺撒时代

公元前59年，年轻有为的恺撒当选为罗马的执政官。第二年，恺撒在卸任后出任了高卢总督，随后吞并了整个高卢地区。公元前48年，恺撒击败了反对自己的庞培，他的权力和荣誉也在此时达到了巅峰。但恺撒的独断专行引起了元老院中部分贵族的不满，他们派人刺杀了恺撒。

油画《恺撒之死》

罗马帝国

公元前31年，屋大维打败了安东尼，使罗马进入了帝国时代。在奥古斯都皇帝统治时期，罗马帝国有了长期的安定与和平。他修建了许多美丽的建筑，还建设了四通八达的道路网。安东尼王朝于公元96年建立，这一时期被称为罗马的黄金时代。在经历了3世纪的危机后，罗马逐渐走向衰亡。公元395年，罗马帝国终于分裂为东西两个帝国。

屋大维，又称奥古斯都，是罗马帝国的开国君主，统治罗马长达43年。

古罗马的宗教、建筑与文学

基督教于公元1世纪左右产生在犹太人中间，不久就传遍了罗马帝国。基督教在世界上影响很大，与佛教和伊斯兰教并称为世界三大宗教。在建筑上，罗马人研制出一种混凝土，并用它建造了罗马万神庙的穹顶。罗马的竞技场闻名世界，外观宏大优美。罗马的道路平坦笔直，四通八达，所以谚语说："条条大路通罗马"。罗马的三大诗人维吉尔、贺拉斯、奥维德代表着古罗马文学的最高水平。

罗马竞技场

失落的玛雅文明

玛雅文明是南美洲大陆上的古代文明,充满着神秘色彩。不同于大河流域的古代文明,它是世界上唯一一个诞生于热带丛林的文明。玛雅人创造了辉煌的文明,然后又奇迹般地消失,这一切都给后人无尽的遐想和向往。

玛雅文明的开始

早在公元前2000年左右,玛雅人就已经出现了。玛雅人的农业非常发达,他们建立了很多城市。公元前1000年左右,玛雅人开始制作陶器。大约在公元前300年,纳贝克、米拉多等大的城市已经初具规模。

古典早期

公元317年左右,玛雅进入古典早期。在这一时期,社会阶层开始形成,有了特权阶层和农夫、手工艺者阶层的差别。国王们开始大兴土木,修建了许多神庙金字塔,竖立起了纪念国王和王朝的纪念碑。

玛雅人的手工艺制品,上面有复杂精美的图案,显示了玛雅人高超的工艺水平。

玛雅文明的巅峰

玛雅文明的顶峰在公元600年前后出现。这一时期被称为玛雅的古典后期。城市在这一时期获得快速发展,走向繁荣。为满足特权统治阶层的奢侈生活需要,玛雅的工匠们挖空心思,制造出大量的精美手工艺品。

神秘的衰亡

在进入后古典时期后,玛雅文明逐渐开始衰落。公元10世纪,托尔特克人侵入玛雅地区,建立了新的城市。其中,最著名的就是科潘。科潘在公元1441年毁灭后,玛雅文明就陷入了混乱之中。16世纪初,西班牙人来到这个地方。在此之后,玛雅文明走向衰亡。

玛雅古国帕伦克城浅浮雕,上面刻有标注时间的象形文字。古典时期的玛雅人每隔20年,会用标注日期的纪念碑来记录时间的流逝。

玛雅的宗教科学文化成就

玛雅文明建立在神权政治的体制下,玛雅王族和祭司主管宗教,玛雅人的最高神叫"羽蛇神",是有翼的或者带有羽毛的蛇神。在奇琴伊萨的中心,矗立着一座占地3000余平方米的金字塔神庙,名曰库库尔坎神庙,是祭拜羽蛇神的神殿。玛雅的艺术成就主要体现在壁画和雕塑上。这些作品造型生动,形神兼备。其原材料除了石头、贝壳外,还有玉石。玛雅的文字现在已经无法读懂,它们像中国的汉字一样呈方块状。玛雅的历法是当时世界上最精确的,他们推算出一年的时间为365.2420日。

动荡不安的时代
中世纪时期

在这一时期，世界上绝大多数国家都进入了封建社会。在西方，罗马帝国分裂为东、西两个帝国，西罗马帝国不久之后灭亡。基督教和伊斯兰教的创立是影响世界的重大事件。基督教被罗马帝国确立为国教，教会的权力逐渐增大。在教皇的鼓动下，西欧国家发动了针对穆斯林的十字军东征。在中世纪时期，欧洲的政治经济思想文化都被基督教会严格控制。随着资本主义萌芽的出现，欧洲出现了反对教会的文艺复兴运动。文艺复兴冲击了人们的思想，欧洲社会开始进入近代时期。

拜占庭帝国

强盛的罗马帝国分裂后，西罗马帝国很快灭亡，拜占庭帝国成为唯一的罗马帝国。拜占庭帝国历经千年的辉煌，特别是在君士坦丁大帝的统治下，帝国达到了顶峰。公元1453年，土耳其人攻陷了君士坦丁堡，这个大帝国终于灭亡。

帝国建立

公元330年，罗马皇帝君士坦丁一世将一座海滨城市拜占庭作为罗马帝国新的都城，并改名为君士坦丁堡。几十年后，强大的罗马帝国在内忧外患之下分裂为西罗马帝国和东罗马帝国。东罗马帝国因为以君士坦丁堡为首都，所以又称为拜占庭帝国。

君士坦丁大帝雕像

《米兰敕令》的颁布

随着罗马帝国的衰落，原来的国教万神教逐渐失去了群众的信仰，基督教却迅速传播开来。基督教的教义和在群众中的影响使罗马的统治者改变了对它的镇压，转而采取了利用的政策。君士坦丁大帝于公元313年颁布了《米兰敕令》，宣布耶稣成为唯一的神，其他的罗马诸神反倒被排除在外。这一举

君士坦丁凯旋门

措确立了基督教在罗马的合法地位。君士坦丁大帝本人也在临死前接受了基督教的洗礼，成为基督教徒。公元392年，罗马皇帝狄奥多西一世以法律的形式正式确立基督教为罗马国教。

湿壁画，意大利画家法兰契斯卡（1412—1492）绘。此画取自《圣十字架的传奇》，画中描绘了君士坦丁与马克森提之间的米尔维乌斯桥战役的场景。

查士丁尼一世的统治

查士丁尼一世于公元527年即位，他是一位虔诚的基督教徒。查士丁尼一世为阻挡日耳曼人的入侵，修建了城墙和塔楼。在他统治期间，帝国的疆域不断扩张，形成一个庞大的基督教国家。查士丁尼一世还进行了法制改革。他任命法学家特里波尼安主持编修了《罗马民法汇编》。这是欧洲历史上第一部系统完备的法律文献，对西方社会有着深远影响。

查士丁尼一世

帝国黄昏

从公元7世纪开始，拜占庭帝国陷入了危机。阿拉伯人不断蚕食着帝国的领土，小亚细亚也被攻占了。公元14世纪，崛起的土耳其人开始大肆进攻拜占庭帝国，后来，君士坦丁堡也沦陷了。拜占庭帝国在经历了极盛之后，终于衰落了。

侵入罗马的日耳曼人

拜占庭的灿烂文明

拜占庭帝国在建筑和艺术领域的成就尤为引人注目。查士丁尼一世建造的圣索菲亚大教堂是建筑史上的典范。拜占庭人还擅长象牙雕刻，这些牙雕做工精致、工艺独到。除象牙制品外，金银制品的数量也非常多，做工也很精细。皇帝用餐的时候，使用的是成套的金餐具；富贵人家家里也有银匙、银质书封面等制品。拜占庭人非常重视教育，不仅男孩儿可以上学，连女性也可以在家里受到良好的教育。

法兰克王国

法兰克王国是日耳曼人建立的国家。在经历了辉煌和鼎盛后,法兰克王国一分为三,奠定了今天法国、德国和意大利的雏形。它的兴盛和消亡,对欧洲历史进程起着重大的作用。

王国创始

西罗马帝国灭亡后,西欧的各民族纷纷起来争夺罗马帝国的土地。强悍的法兰克民族建立了法兰克王国,国王是克洛维。克洛维去世后,他的儿子继承了王位。但这个王朝的君主都昏庸无能,整天沉浸在基督教或者酒色之中。这时,国王身边的近臣宫相就逐渐掌握了大权。查理·马特就是一位宫相。他在掌权后击退了阿拉伯人的入侵,从此威名大振,深得民心。

查理·马特率兵与阿拉伯人展开激战

丕平与教皇国

矮子丕平的画像,他是查理·马特的儿子,法兰克王国的加洛林王朝的开创者。

查理·马特死后,他的儿子矮子丕平掌握了整个法兰克王国的大权,只是名义上仍是宰相。丕平为了夺取王位,积极争取教会的支持。公元751年,丕平派使臣去见教皇,询问是有实权的人还是只有虚名的人该称王。教皇假装思考后,说有实权的人应该称王。这开创了教皇废立君主的特权。丕平被选为法兰克国王后,加洛林王朝开始了。为感谢教皇,丕平把一块土地献给了教皇,帮助教皇在意大利中部建立了教皇国。

查理曼帝国

丕平死后,王国由他的两个儿子查理曼和卡洛曼共同继承。卡洛曼在几年之后死去,查理曼于是成为法兰克王国唯一的统治者。查理曼大帝是一位非常有作为和野心的君主,他东征西讨,把法兰克王国的疆域整整扩大了一倍。法兰克王国在他的统治下达到了极盛。

查理曼大帝雕像

圣诞加冕

公元800年,查理曼大帝护送教皇返回罗马城,帮助他巩固了教皇的宝座。教皇感激不尽,于是在这年的圣诞节为查理曼举行加冕仪式,尊其为"罗马人的皇帝"。查理曼欣然接受,并正式成为皇帝。

公元800年的圣诞节之夜,教皇立奥三世在罗马圣彼得大教堂为查理曼举行了加冕仪式。从此,法兰克王国成为"查理帝国",查理国王成了"查理大帝"。

帝国三分

公元814年,查理曼的儿子路易即位。路易又在817年将国土划分给他的儿子们。公元843年,《凡尔登条约》签订。根据条约,帝国将一分为三。这初步构成了法国、德国、意大利三国的雏形。

日本大化改新

大化改新是日本历史上一次重大的变革。从此之后，日本从奴隶社会进入了封建社会。"日本"的国号也正式确立，沿用至今。改新之后的日本，走上了迅速发展的道路，经济繁荣，文化昌盛。

革新前的日本

大化改新前，日本处于奴隶社会时期。到了公元6世纪，土地兼并严重，奴隶纷纷逃亡，社会陷入一片混乱之中。掌握实权的苏我氏专横跋扈，野心勃勃。这时，很多贵族都主张向中国学习，革新日本的制度。在推古天皇在位时，热心汉文化的圣德太子就推行了改革。但改革触犯了苏我氏的利益，他们杀害了圣德太子的儿子，以示警告。

圣德太子辅政后即大力进行改革，并遣使者到隋、唐学习中国的先进制度。后推行新政，制定冠位十二阶、颁布律法十七条，采用历法、编修国史、使用天皇名号、兴隆佛教。

日本大化改新的杰出功臣中臣镰足

乙巳之变

虽然苏我氏阻挠革新，但改革的观念已经深入人心。中大兄皇子和中臣镰足都想推翻苏我氏的专制统治，所以两人一拍即合，共同计划如何杀死苏我氏。他们一面争取宫中侍卫，一面联络朝中重臣。公元645年6月12日，这天是高句丽、百济、新罗使臣向天皇进献礼品的日子，正当朝官宣读三国进贡礼表的时候，中大兄皇子和中臣镰足突然冲了出来，杀死了苏我入鹿。苏我入鹿的父亲听到消息，在第二天自杀。政变后，皇极天皇退位，革新派拥立孝德天皇，以中大兄为皇太子，中臣镰足为内臣，建元大化，迁都难波。

中大兄、中臣镰足发动宫廷政变，诛灭苏我入鹿一族后，孝德天皇即位。

改新之诏

公元646年,孝德天皇发布了《改新之诏》,对国家开始进行改革。新政府废除了奴隶主贵族的特权,建立了中央集权的国家制度;土地收归国有,不许买卖,天皇是全国土地的最高所有者;实行"班田收授法",政府给年满6岁的良民,每隔6年授田一次,受田人必须承担国家下达的租税和劳役;实行征兵制,军队直接归中央指挥。

中大兄皇子即位后称为天智天皇。他是大化改新的实际推行者。

中臣镰足在诛灭苏我入鹿后就开始辅佐天智天皇推行大化改新。

改革之后

大化改新后,大和正式改名日本国,意为"日出之处的国家"。它仿照唐朝教育制度,在中央设太学,地方设国学。佛教经中国、朝鲜传入日本后,发展很快,日本积极汲取中国文化,中国的唐诗和书法在日本很受欢迎。

大化改新的意义

大化改新部分地解放了生产力,完善了日本的统治制度,奠定了日本的国家发展方向。大化改新为日本确立了一套在当时颇为先进的管理体制,使日本社会环境稳定,社会经济得到发展。为以后的繁荣奠定了基础,是日本由奴隶社会向封建社会过渡的标志。

苏我入鹿的陵墓

阿拉伯帝国

穆罕默德创立了伊斯兰教之后，阿拉伯半岛上的各个部落就逐渐凝聚起来，逐渐发展成为强大的帝国。阿拉伯帝国的出现改变了周边许多民族的发展进程，在历史上产生了重大的影响。

建国之初

公元 7 世纪之前，阿拉伯半岛还处于混乱之中。这时，穆罕默德创立了伊斯兰教，并开始在麦加传教。麦加的贵族非常恐慌，准备加害穆罕默德。之后，穆罕默德来到麦地那建立了政权。公元 630 年，穆罕默德率军进攻麦加，麦加贵族妥协，承认穆罕默德是政治和宗教领袖。

麦加是伊斯兰教的发祥地，坐落在沙特阿拉伯西部的一条山谷里。公元 610 年，居住在麦加的商人穆罕默德开创了伊斯兰教。

欧麦尔一世（公元 586—644），伊斯兰教第二代哈里发。公元 634 年，艾卜·伯克尔（伊斯兰教第一代哈里发）临终时，指定欧麦尔继任哈里发，以保证伊斯兰教的顺利发展。

四大哈里发时期

穆罕默德去世后，伯克尔继承了他的事业，号称"哈里发"，就是第一任哈里发。他平定了叛乱，恢复了阿拉伯半岛的统一。第二任哈里发欧麦尔攻陷了拜占庭帝国统治下的叙利亚、巴勒斯坦；同时派数千骑兵攻入埃及，占领了从伊拉克到波斯本土的广大地区，为阿拉伯帝国的建立奠定了基础。第三任哈里发奥斯曼开始时励精图治，但后来开始腐化，被倒戈的士兵杀死。此后，叙利亚总督穆阿维亚即位哈里发，以大马士革为首都，建立了倭马亚王朝。哈里发改为世袭，实际上是帝国的君主。

倭马亚王朝的扩张

8世纪初，倭马亚王朝的政权巩固以后，阿拉伯贵族又发动了大规模的对外战争。他们征服了布哈拉、撒马尔罕、信德及部分旁遮普地区。阿拉伯军队攻占埃及以西的北非地区后，于711年越过直布罗陀海峡，占领了安达卢西亚。后在入侵法兰克王国的普瓦提埃战役中战败，退回西班牙。至8世纪中叶，阿拉伯帝国的版图西临大西洋，东至中亚河外地区，成为地跨亚、非、欧三大洲的庞大封建军事帝国。

大马士革的倭马亚清真寺

阿拔斯王朝

阿拔斯王朝（750～1258）是哈里发帝国的一个王朝，阿拉伯帝国的第二个世袭王朝。图为哈里发的卫队。

在阿拔斯王朝时期，阿拉伯帝国达到极盛。750年，阿拉伯人占领坦桑尼亚的桑格几布群岛。751年，阿拉伯帝国军队击败中国唐朝安西节度使高仙芝的军队，控制了中亚的大部分地区。在这一时期，帝国建立起完整的行政体制，进一步强化了中央集权。9世纪中叶后，阿拔斯帝国逐渐衰落。1258年，蒙古大将旭烈兀率军攻陷巴格达，杀死哈里发，阿拔斯帝国灭亡。

阿拉伯帝国的经济文化发展

商业在阿拉伯帝国经济中占有重要地位。文化传统、地理位置、商人的社会地位和商业的巨大收益，使阿拉伯帝国出现了与当时东西方封建文明不尽相同的工商业繁荣局面。穆罕默德和历代哈里发都奉行较开明的文化政策。著名的作品《天方夜谭》在数百年中被不断完善，它汲取了印度、中国等国和阿拉伯民间文学的精粹，成为阿拉伯乃至世界文学中的明珠。

十字军东征

十字军东征是在公元 1096～1291 年发生的宗教性军事行动的总称,是由西欧基督教国家对地中海东岸的国家发动的战争。这场战争使东西方的人民都蒙受了巨大的灾难,也在客观上促进了东西方的交流。

十字军东征的背景

公元 11 世纪,西欧已经是教会大一统的体制,教皇拥有极大的权力。而此时,拜占庭帝国经常受到阿拉伯人的侵扰,土地范围大大缩小,于是转而向西方求援,这成为西欧进攻东方的最好借口。于是,教皇以统一基督教为借口,号召各个阶层进行一场大规模的东征。

教皇乌尔班二世主持克勒芒宗教会议,发动第一次十字军东征。

教皇的蛊惑

罗马教皇不仅想去东方掠夺财富,还想趁机扩大教会的势力。为了实现这个美梦,公元 1095 年冬天,乌尔班二世在法国克勒芒城召开宗教大会。会上,他慷慨激昂地发表演说,号召大家为收复圣地耶路撒冷而战。受到蛊惑的骑士们争先恐后地把十字缝在自己胸前,雄赳赳气昂昂地出发了。

第一次东征

1096 年秋天,由不同国家骑士组成的十字军开始向耶路撒冷进军。由于当时的小亚细亚和巴勒斯坦等地处于分裂状态,难以抵抗突然来袭的十字军,十字军于 1099 年攻下了耶路撒冷。十字军进入耶路撒冷后,大肆抢掠,都发了大财。十字军还在他们占领的地区建立了耶路撒冷王国。但他们横征暴敛,促使人民不断起义,政权动荡不定。

第一次十字军东征时叙利亚古都安条克的模型

众王东征

公元1187年,阿拉伯人在萨拉丁的领导下重新占领了耶路撒冷。教皇格利高里八世于是呼吁各国采取行动,组织再一次的东征。德意志皇帝"红胡子"腓特烈一世、英格兰国王"狮心王"理查、法兰西国王腓力一世率领军队开始了第三次的东征。由于德国皇帝腓特烈一世在征战途中意外身亡,英、法两个国王又不和,所以这次的东征也以失败告终。

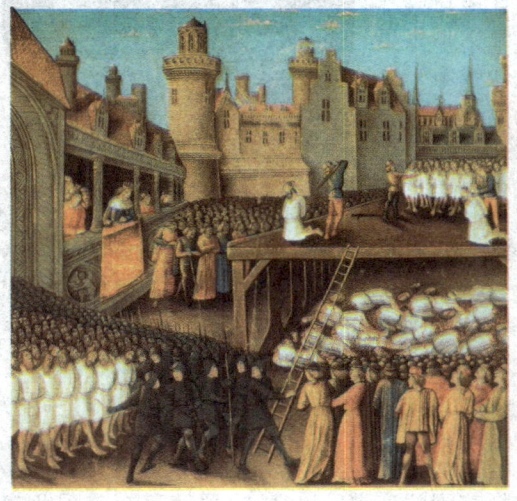

十字军在攻陷城池后,对城内居民大肆屠杀,显示出他们凶残和掠夺成性的一面。

德意志皇帝腓特烈一世,在十字军东征中溺水身亡。

被抢掠的君士坦丁堡

因为进军东方一再失败,所以13世纪初的第四次东征便把目标锁定在了拜占庭。1204年,十字军攻陷了君士坦丁堡,对这个千年古城进行了毫不留情的洗劫。无数的艺术珍品在这次劫难中化为乌有,造成了欧洲文化的一次大破坏。

十字军占领君士坦丁堡时的情景

东征时代的结束

1213年,教皇又发动了第五次东征,以巩固十字军在耶路撒冷建立的政权。在进行了第九次十字军东征后,十字军东征时代基本结束。在之后的近200年里,欧洲各国又陆续进行了许多小规模的远征或圣战。这些圣战的目的是为了攻击那些对基督教有潜在威胁的国家或地区。

诺曼底征服英国

公元1066年,"征服者"威廉的诺曼底公国和英国的一场战争不可避免地爆发了。这场战争的结果彻底改变了英国历史,也在很大程度上改变了英法两国的关系,两国的联系更加紧密了。

"征服者"的野心

诺曼底与英国之间只隔了一条狭窄的英吉利海峡。诺曼底公爵威廉早就想把英国据为己有。事有凑巧,威廉的表兄英格兰国王爱德华早年曾流落到诺曼底,得到过威廉的帮助。爱德华非常感激,私下里许诺自己死后,英国的王位就让给威廉。但爱德华去世后,王位却由哈罗德继承了,这让威廉十分恼怒。他下定决心,一定要把王位夺过来。

威廉一世

外交胜利

哈罗德是英国本土的贵族,他不喜欢和外国交往,觉得英国远离欧洲大陆,只要守着自己的国土就可以了。和哈罗德截然不同的是,威廉很懂得运用外交手段争取同盟者。首先,他派使节前往罗马,游说罗马教皇,争取他的支持。教皇听信了威廉的话,还赐给他一面"圣旗"。然后,威廉又去说服他的邻国丹麦国王,许诺和丹麦结成友好同盟。丹麦国王出于个人野心,也支持威廉。准备就绪后,威廉决定出兵征服英国。

登陆英国

公元1066年,威廉拉开了攻打英国的序幕。此时,哈罗德正在英国北部开心地庆祝自己打败挪威国王。于是,威廉率领的远征军乘着南风驶向海峡对岸,未遇任何抵抗就在英国东南的海岸登陆了。此时,英国东南沿海地区门户被打开,在通往伦敦的沿途都没有重兵防守,威廉的军队长驱直入,一直抵达伦敦附近的黑斯廷斯。

1066年法国诺曼底公爵威廉的军队和马匹在英格兰东南沿海登陆的情景

黑斯廷斯战役

哈罗德得知这一消息后立即飞马赶回伦敦。由于事发突然,哈罗德只能带着还没休整过的几千人匆忙迎战。在黑斯廷斯,他们展开了决战。哈罗德占据着居高临下的有利地势,第一次交锋,英国人守在山顶上,向冲锋的诺曼底人投掷标枪,打退了诺曼底人的进攻。但狡猾的威廉很快就调整了战术,假装败退将英军引出阵地。哈罗德中计,命令英军追下山去,正好冲进了威廉设好的包围圈。威廉抓住这一战机发动反攻,哈罗德在混战中中箭身亡,英军阵脚大乱,全线崩溃。威廉取得了黑斯廷斯战役的胜利。

在黑斯廷斯战役中,威廉和哈罗德展开了最后的决战。虽然哈罗德占据了有利地势,但是最终因为指挥不当而失败。这场战争改变了英国的命运。图为黑斯廷斯战役中激烈的战斗情景。

诺曼王朝建立

战争胜利后,威廉在威斯敏斯特教堂加冕为英格兰国王,诺曼王朝开始。威廉一世即位后,将英国的五分之一土地作为自己的领地,又把手下的骑士封为男爵,分别派驻各地镇守,并在全国修建了很多城堡。威廉一世还引入了法语和法国的生活习惯,其中一些词汇和习俗对英国产生了很大的影响。

英国国王征服者威廉一世正在接受英格兰的统治权。他的统治对英国产生了深远的影响,也极大地影响了后世的英法关系。

蒙古大扩张

公元13世纪,蒙古在不知不觉中崛起于茫茫草原。"天之骄子"成吉思汗及其子孙踏遍了万里河山,征服了金国、宋朝以及许多欧洲国家,建立了规模庞大的帝国,给世界造成了重大影响。

统一蒙古

成吉思汗前的蒙古草原,处在混乱之中。各部落之间互相残杀,争斗十分激烈。铁木真的父亲就是被别的部落首领杀害的。成年之后,铁木真雄心勃勃,想把混乱的蒙古各部统一起来。他率部征战,在几十年里,征服了其他部族,统一了蒙古草原,建立蒙古汗国。

第一次大扩张

成吉思汗的步伐并没有停下来。1218年,成吉思汗派大将哲别率军灭掉西辽。1219年,成吉思汗亲自率领几十万大军,进攻曾抢劫杀害蒙古商队和使者的花剌子模。蒙古军的铁蹄踏平了花剌子模,并追击其败军到印度河。1225年,成吉思汗又大举进攻西夏。虽然他于1227年在军中病死,但三天后,西夏王献城,蒙古军将西夏王杀死,西夏灭亡。

成吉思汗先后征服了辽、西夏等国,基本统一了中国北方,他的子孙发动大规模的西征,在短短20年的时间里,占领了从中亚细亚直到欧洲东部和伊朗北部的广大土地,建立起横跨亚欧两大洲的大帝国。

拔都西征

金国被窝阔台大汗灭掉后,拔都统帅蒙古军进攻欧洲诸国。公元1239年,蒙古军转而南下,不久之后就攻占了基辅和加利奇公国。之后,蒙古大军兵分两路,一路攻入波兰,一路攻入匈牙利。他们在欧洲所向披靡,一直打到维也纳,使欧洲人大为惊恐。

成吉思汗死后,三子窝阔台被选为大汗,随即亲自率领大军灭掉金国。

第三次西征

1253年，蒙哥大汗派他的弟弟旭烈兀再次西征。蒙古军队沿着当年成吉思汗的路线进入中亚地区。1258年，蒙古军围攻巴格达。旭烈兀给哈里发写了一封信，劝他开城投降。哈里发却回答说，凡是攻打巴格达的人都不得善终。旭烈兀大怒，在攻下巴格达后，杀死了哈里发。1260年，旭烈兀攻占了大马士革。正当他要继续前进时，蒙哥大汗的死讯传来，旭烈兀不得不赶紧班师回朝。

旭烈兀的军队进攻巴格达的情景

后来的扩张

在旭烈兀西征的同时，忽必烈也率军进攻南宋。1260年，忽必烈继大汗位，于1279年灭掉了南宋。此后，蒙古人又进攻了朝鲜、日本，还南下攻打缅甸等东南亚国家，但最后因为不善海战而失败。

在1299年的第三次霍姆斯战役中，合赞汗的蒙古大军击败了支援叙利亚的埃及军队。

蒙古大扩张的影响

蒙古的扩张使当时世界上无数国家和民族都被蒙古骑兵所征服。这也是游牧民族对文明社会进行的一次猛烈攻击。虽然蒙古的扩张给世界各国人民带来了灾难，但是对于东西方的交往还是起到了促进作用。

忽必烈狩猎图

英法百年战争

腓力六世

百年战争持续了 116 年，是世界史上时间最长的战争。这场旷日持久的战争以封建战争开始，却以民族战争结束。在这场战争后，法兰西终于完成了民族统一大业，走上了繁荣昌盛的道路。

矛盾重重

爱德华三世

英法之间的矛盾由来已久。14 世纪时，法国人想赶走盘踞在西南地区的英格兰人，统一法国。英国人非但不肯，还想夺回其祖先的土地。随后，法国占据了境内与英国有着密切经济联系的佛兰德地区，两国矛盾进一步加深。1328 年，查理四世去世，法国卡佩王朝绝嗣。这时，腓力六世继承了王位。英王爱德华三世认为自己是法王外甥，更有资格继承王位。于是，战争不可避免地爆发了。

第一阶段

这一阶段开始于 1337 年，结束于 1360 年。在 1340 年的斯吕斯海战中，英军重创法军，夺取制海权。几年后的克雷西会战中，英军又成功占领了法国海防要塞加来港。1348 年，黑死病横扫欧洲，两国休战，1356 年再度开战。在普瓦提埃战役中，法军再次被击败。后来，由于英军的横征暴敛导致法国经济崩溃，使得法国人民大规模地起义。最后，法国被迫签订了《布勒丁尼和约》，将卢瓦尔河以南至比利牛斯山脉的领土全部割让给英国。

英国国王爱德华三世途经索姆省时，和法军作战的情景。

第二阶段

法王查理五世为报仇雪恨，积极准备发动战争。他整顿税制，以安抚民心；改编军队，以雇佣步兵代替大部分骑兵，并建立了野战炮兵和新舰队。时机成熟后，查理五世任命一位优秀的将领为军队总司令，以突袭和游击战术攻击英军，在多场战役中都打败了英军。英王于是被迫和法国签署了停战协定。

英法百年战争的过程十分漫长，双方各有胜负。这次战争给两国造成了巨大的损失。图为交战的英军和法军。

第三阶段

　　1415～1429年间，法国国内两大封建主集团内讧，人民也起义反抗，英国借机重启战端。1415年，英军攻占了法国北部。法王无力抵抗，于1420年在特鲁瓦签订了几乎亡国的和约，法国遂沦为英法联合王国的一部分。同时，英王亨利五世成为法国摄政王，有权在法王查理六世死后继承王位。但不久后，查理六世和亨利五世于同一年去世。为争夺法国王位，新继承的英王和法王又展开了激烈的战争。

战争结束

　　因为不堪英军的压迫，法国人民纷纷组织游击战抵御英军。法军在奥尔良战役中取胜，从此士气大振，陆续收回了大片领土。1453年，英军在波尔多投降，战争结束。这场战争对于两国来说都是一场灾难，当时又是黑死病流行的时代，在战争和疫病的双重打击下，两国经济崩溃，民不聊生。但法国最后完成了民族的统一大业，为其日后在欧洲大陆的扩张打下基础。英国失败后，放弃了称霸欧洲大陆的企图，转而向海上发展，从而走上了海上帝国的道路。

阿金库尔战役是英法百年战争的重要战役，亨利五世领军在法国阿金库尔以少胜多，以长弓大败法国骑兵。

这是浪漫主义时期表现圣女贞德在奥尔良之围中取得胜利的油画。

圣女贞德

可怕的黑死病

黑死病是一种可怕的瘟疫，它自1300年前后到15世纪中期在欧洲泛滥。这场大灾难夺走了无数人的生命，席卷了欧洲大部分的地区。据统计，到14世纪末，欧洲有三分之二的人都死于黑死病。黑死病不仅给欧洲带来了巨大的灾难，也对欧洲的发展产生了深远的影响。

死神来了

黑死病是一种鼠疫，它以老鼠和跳蚤等为媒介传染，感染者会在皮肤上出现黑斑，所以被称为黑死病。黑死病的死亡率非常高，发病也特别快。许多人在入睡时还很健康，但早上就染病死去了。它的传播速度也很快，在很短的时间就传遍了欧洲。一时间，整个欧洲笼罩在一片死亡的阴影中。人们惊慌失措，到处躲避，但仍然不能躲过黑死病的袭击。一批又一批的人死去，很多家庭遭受了灭顶之灾。在这场可怕的灾难中，能活下来的人少之又少。

跳蚤是黑死病的主要传染者

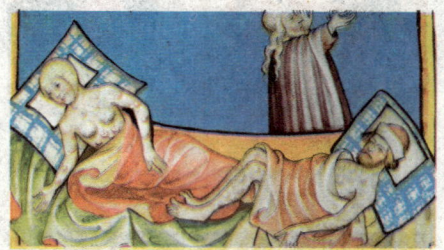

关于黑死病患者的图画

黑死病流行很快，而且无法治疗，造成了大量的人口死亡。图为街上死于黑死病的人。

大范围的传播

黑死病最初的发现不是在欧洲，而是在东南亚。这可怕的病菌被军队和商队顺着"丝绸之路"带到了巴格达和克里木半岛。1347年，一队商船在意大利西西里岛的口岸停靠，在无形中将黑死病传到了西西里岛。在短短几个月后，可怕的瘟疫就传遍了整个意大利。只一年工夫，黑死病就又传到了法国和英国。1349年，斯堪的纳维亚半岛和俄罗斯也出现了黑死病。人们无法治疗黑死病，也没有办法阻止它的传播，只能听天由命。

欧洲的经济危机

黑死病导致欧洲大量的人口死亡，劳动力锐减，造成了巨大的经济损失。即使是侥幸活下来的人，也都到处躲避。他们丢下手上的工作，拖家带口地寻找一个与世隔绝的地方。城里的富人逃到了农村，农村的人民也在到处躲藏。由于大批人死亡或不在工作岗位，商品减少，物价飞涨，城市和乡村都基本处在瘫痪的状态。整个欧洲农田荒芜，一片死寂，往日熙熙攘攘的热闹景象和繁荣的贸易都看不到了。

黑死病给人们带来了极大的恐慌。在黑死病流行期间，人们到处躲避。

城镇在灾后的发展

黑死病对整个欧洲产生了深远的影响，它使得城镇的重要性增强了。在黑死病过去后，经济开始复苏，城镇里的制造商们显然比农村的地主更灵活，他们能更好地适应快速变化的经济环境，并用高工资吸引了大量的农村劳动力。这样一来，农村的人口就逐渐向城镇转移，城镇变得越来越繁荣了。这也在很大程度上促进了资本主义的发展。

黑死病的长期影响

黑死病在很长一段时间里都是欧洲人挥之不去的阴影。除了人口的大量减少外，人们对上帝的信仰也产生了动摇。在黑死病爆发之前，欧洲的劳动力还处于过剩状态，工资不高；但在黑死病过后，劳动力十分短缺，所以工资大幅上涨。因此，很多农村劳动力都开始向城镇转移，当上了工人。这使得本来已经衰落的封建制度雪上加霜，走向了崩溃。

这是16世纪的一幅油画，展现黑死病给世界带来毁灭的场景。

奥斯曼帝国的崛起

奥斯曼帝国是土耳其人建立的伊斯兰教国家。帝国在极盛时期先后占领了君士坦丁堡、贝尔格莱德等地区,并夺取了地中海的东岸和红海要道,最终形成了一个庞大的帝国。

奥斯曼一世(1258—约1326)是奥斯曼帝国的创建者。他具有雄才伟略,在有生之年征服了许多国家,为奥斯曼帝国的强大奠定了坚实的基础。

奥斯曼之梦

土耳其人本是突厥人的一支,为了躲避蒙古军而迁徙到了西亚。最初他们依附于塞尔柱突厥人建立的罗姆苏丹国,在和拜占庭相邻的地方得到一块封地,建立了酋长国。部落酋长死后,他的儿子奥斯曼继位。他想和一位宗教领袖的女儿结婚,却遭到拒绝。后来,奥斯曼在与这位宗教领袖的谈话中提到自己做的一个梦。梦中,他的腰间长出了一棵大树,树叶都是利刃,直指君士坦丁堡方向。那位领袖认为这个梦预示着奥斯曼的子孙会统治世界,就把女儿嫁给了奥斯曼。

奥斯曼的功业

奥斯曼励精图治,使自己的实力不断壮大。1301年,奥斯曼的军队正式向拜占庭进发,并大获全胜。随后,他又征服了附近的酋长国,将其国境扩张至拜占庭帝国的边境,定都布鲁萨。此后不久,奥斯曼就去世了。奥斯曼一世被认为是强有力的领袖,即使在他逝世后,仍流传着一句有数百年历史的土耳其谚语:"他可能强如奥斯曼。"

乌尔汗是奥斯曼的儿子,奥斯曼帝国的第二位首领。他继承了父亲的事业,励精图治,使奥斯曼帝国成为一个经济繁荣、国力强大的国家。

乌尔汗

奥斯曼的儿子乌尔汗即位后,也兢兢业业治理国家。在他的努力下,首都布鲁萨逐渐成为一个繁荣的贸易中心,在这里可以买到世界各国的物品,如欧洲的羊毛、中国的丝绸等。此外,他们还学习了欧洲人的一些先进技术。乌尔汗还建立了一支装备精良、训练严格的常备军。这支军队的人数不断增加,战斗力也不断增强。凭借着这支军队,乌尔汗占领了大片土地,使帝国更加强大。

攻陷君士坦丁堡

15世纪初，拜占庭帝国衰落，君士坦丁堡实际上已是一座孤城。1453年，穆罕默德二世亲率大军进攻君士坦丁堡。他从海陆两面对君士坦丁堡发起总攻。君士坦丁堡军民浴血奋战，但终因寡不敌众，弹尽粮绝，城堡最后被攻占。至此，拜占庭帝国灭亡。君士坦丁堡成为奥斯曼帝国的新首都，穆罕默德二世也开始使用罗马皇帝的名号。此后，帝国不断扩张，最后成为了一个地跨欧、亚、非的大帝国。

穆罕默德二世是拜占庭帝国的"终结者"。这是他的军队进入君士坦丁堡时欢欣鼓舞的场景。

耶路撒冷是伊斯兰教的"圣城"，这里也建有清真寺。

君士坦丁堡的圣索非亚大教堂是拜占庭建筑最光辉的代表，它也是东正教的中心教堂，是拜占庭帝国极盛时代的纪念碑。

帝国的政治经济文化

奥斯曼帝国信奉伊斯兰教，是一个政教合一的军事封建国家。它的最高统治者称为苏丹，集政治、宗教、军事等大权于一身。奥斯曼帝国的经济发达，贸易繁荣。奥斯曼帝国重视发展伊斯兰学术文化，保护伊斯兰文物古迹。帝国以大量的宗教基金在各主要城市兴建规模宏大华丽的清真寺、宗教大学、图书馆，仅首都伊斯坦布尔就建有400多座清真寺。

穆罕默德二世是是一位典型的马上帝王，也是历史上最以尚武好战著称的苏丹。在30年的统治期间，他亲率大军远征26次，几乎连年作战。攻克君士坦丁堡应该算是其最辉煌的一次战果。

文艺复兴

文艺复兴发端于14世纪的意大利，从15世纪后期起，扩展到西欧各国，并在16世纪达到鼎盛。这场思想文化运动揭开了近代欧洲历史的序幕，是中古时代和近代的分界线。

中世纪的文化禁忌

西欧的中世纪是个黑暗的时代。基督教教会是当时封建社会的精神支柱，它建立了一套严格的等级制度，把上帝当做绝对的权威，一切都得遵守基督教的教义，谁都不能触犯这个禁忌。在教会的管制下，中世纪的文化发展严重受阻。

意大利佛罗伦萨作为文艺复兴的发祥地，在诗歌、绘画、雕刻、建筑、音乐等方面均取得了突出的成就。

教会对伽利略进行审判

文艺复兴的土壤

中世纪的后期，资本主义萌芽首先在意大利出现。此时，城市经济的繁荣，使事业成功财富巨大的富商、作坊主和银行家等开始相信个人的价值和力量，更充满进取精神。而在当时，高雅博学之士也受到人们的普遍尊重。这为文艺复兴的发生提供了深厚的物质基础和适宜的社会环境。

人文主义

文艺复兴运动中，无论是但丁的《神曲》还是薄伽丘的《十日谈》，都把矛头对准了当时的教会。著名诗人彼特拉克更是响亮地提出了"人文主义"的学说。他的学说肯定了人的潜能，完全不同于教会宣传的以神为中心的观点。人文主义要求人类掌握自己的命运，享受世俗的欢乐。这种思想迅速传播开来，影响很大。

但丁

《但丁和维吉尔共渡冥河》描绘但丁和维吉尔乘着卡隆的渡船，穿过地狱湖的情景。

百花争艳

在轰轰烈烈展开的文艺复兴运动中,出现了一大批优秀的文学家和艺术家,如达·芬奇、拉斐尔等。达·芬奇的名画《蒙娜丽莎》《最后的晚餐》《岩间圣母》是他为世界艺术宝库留下的珍品中的珍品,是欧洲艺术的典范之作。拉斐尔的大型油画《西斯廷圣母》,人物形象和真人大小相仿,由圣母、圣徒组成的三角形构图,庄重均衡,圣母和耶稣的体态健美而有力。米开朗琪罗的《大卫》等雕像,也是传世之作。文学方面,英国的莎士比亚及西班牙的塞万提斯,都是文艺复兴中涌现出来的灿烂明星。

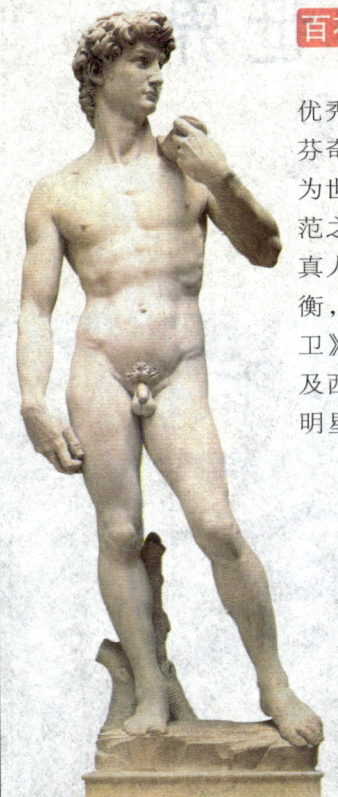

米开朗琪罗的《大卫》

莎士比亚

拉斐尔的《西斯廷圣母》

达·芬奇的名作《最后的晚餐》

文艺复兴的影响

文艺复兴是新兴资产阶级开展的一场反对封建和发展科学技术的新文化运动。它推动了欧洲文化思想领域的繁荣,为欧洲资本主义社会的产生奠定了思想文化基础。同时,它也是欧洲摆脱腐朽的封建宗教束缚,向全世界扩张的一个前奏曲。

激烈变革的世界
近 代

相对于东方各国的沉闷保守,西方的这一时期可谓风起云涌。新航路的开辟以及科学技术的巨大进步,为西方社会带来了前所未有的财富。启蒙运动涤荡了旧的思想,宗教改革又动摇了人们的信仰。各国的资产阶级革命波澜壮阔,摧毁了专制的封建制度。工业革命和电力革命发展了生产力,使人类社会的面貌出现了翻天覆地的变化。与此同时,落后的亚非拉地区却饱受着奴役,成了资本主义国家的殖民地。在这一时期行将结束时,一次前所未有的世界大战却爆发了。

欧洲的宗教改革

公元 1 世纪，基督教在犹太人社会中萌发。基督教的创始人是耶稣，耶稣最后被钉死，但基督教却得到人民的支持。公元 4 世纪左右，罗马帝国把基督教定为国教，指定罗马贵族担任基督教教皇和主教。之后，教会的权力越来越大，也越来越腐败。

腐朽的教会

教会的权力与日俱增，到了十五六世纪，欧洲最大的地主都是教会和教士。教皇本人占有大量财富，生活奢侈腐化。为了维持他自己的奢侈生活，教皇巧立名目，利用权力和民众的信仰搜刮财富，赎罪券就是其中一种。教皇宣称，只有买了赎罪券，死后灵魂才能进入天堂。

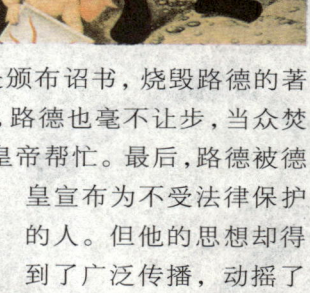

德国宗教改革者群像。中间身材魁伟的人是萨克森选侯约翰·弗雷德里克一世。他身后是受他庇护的宗教改革者，最左边是马丁·路德，右边是菲利普·梅兰克森。

马丁·路德的反抗

1517 年，为反对教皇借赎罪券敲诈百姓，马丁·路德在维登堡大教堂门前贴出了《关于赎罪券效能的辩论》。教皇知道后，恼羞成怒，于是颁布诏书，烧毁路德的著作，也不让他继续传教。为了表示对教皇的反抗，路德也毫不让步，当众焚烧了教皇的诏书。教皇没有办法，只有请德国的皇帝帮忙。最后，路德被德皇宣布为不受法律保护的人。但他的思想却得到了广泛传播，动摇了人们的信仰。

16 世纪木刻画。1520 年 12 月，马丁·路德在威登堡当众烧毁教皇诏书，几百名围观者围着火堆高唱赞主歌，又为被烧的教皇诏书唱起送葬曲。

加尔文的新教

路德是宗教改革的发起人,而加尔文的影响则更大。加尔文在早年时到法国留过学,在此期间接触到了基督教新教的书,这对他的思想影响很大。他定居瑞士后,开始构思基督教的改革。他出版了《基督教原理》一书,认为基督徒必须过圣洁、高尚的生活,不单要避免犯罪,还禁止享乐。后来,加尔文到了日内瓦,和朋友一起,把加尔文主义付诸实施。这时,外地逃避迫害的新教改革家都涌入了日内瓦,学习了加尔文宗的思想,各自回国发起改革运动。这对欧洲各国的历史进程产生了深刻影响。

里昂的会众正在听加尔文传教士布道。加尔文宗教改革严谨的管理体系和严格的管理,使得法国的宗教改革避免了德国路德教派改革的混乱局面。从此,福音传教士传遍了整个欧洲。

新教在一些人群中受到欢迎。图为新教的传教士在为民众布道的情景。

英国的宗教改革

英国的宗教改革是自上而下的。国王亨利八世在位期间,英格兰正式和罗马天主教决裂。国王把自己立为英格兰教会的元首,还关闭修道院,并把修道院的财产分给贵族。这样,英格兰教会虽大致保留天主教体制,在实践上却成了基督新教。

宗教改革的影响

欧洲的宗教改革是一场资产阶级在宗教外衣掩饰下发动的反对封建统治和罗马教会的政治运动。它打击了天主教会的神权统治,剥夺了教会的特权;各国的王权得到加强,有利于民族国家的发展。改革也确立了适应资产阶级需要的伦理规范和生活方式,有利于资本主义经济的发展。人们的思想得到解放,各国开始重视教育,兴办学校,促进了西欧各国民族文化和教育事业的发展。

英国圈地运动

14、 15世纪,英国兴起了一场规模浩大的圈地运动。正是这场被称为"羊吃人"的运动,造就了日后英国资本主义强国的地位,却也让国内无数的贫苦农民付出了沉重的代价。

毛纺织业的繁荣

新航路开辟之后,欧洲的羊毛制品被销往世界各地,并受到了普遍的欢迎。毛纺织业的繁荣自然带动了对羊毛的需求,羊毛的价格比以前上涨了很多。英国是一个养羊的大国,英国的农民也把牧羊作为副业。自从羊毛的价格上涨之后,越来越多的贵族也都开始投资牧羊业。同时,他们还需要用来做牧场的土地,这就引起了一场圈地运动。

羊毛制品的销量使商人用不同方法圈占和合并耕地。图为牧羊女在给贵族地主们放羊。

羊吃人

贵族们在征用土地时,采取的是强制手段。他们把土地用篱笆围起来,把土地上住着的农民赶走。有的还拆掉农民的房子,为的是增加更多的土地来牧羊。贵族的目的是达到了,但失去土地的农民只能四处流浪,做乞丐或是强盗。很多人都在流浪的途中悲惨地死去,所以有人把这种现象称为"羊吃人"。

16世纪伦敦的贫民窟。大批失去耕地的农民涌入城市,成为流浪者。

悲惨的流浪者

圈地运动把英国弄得非常混乱，满街都是流浪者，社会动荡不安。国王见到这种状况，也非常头疼。他下令不许大规模圈地，但贵族们却毫不理会，仍然我行我素。于是国王只有把注意力转移到流浪者身上。他颁布了严厉的法令，规定流浪者如果不去劳动，就要被处罚，严重者就要被处死。按照这道法令，英国当时有十几万流浪汉被处死。

农民的反抗

农民无家可归，政府又规定不能流浪，忍无可忍的他们终于爆发了。1549年，在罗伯特·凯特的领导下，愤怒的农民拿起石头、棍棒等武器，向诺福克郡首府进攻。起义的队伍不断壮大，达到了2万人之多。虽然最后起义还是被镇压了，但它在一定程度上打击了罪恶的圈地运动。

罗伯特·凯特在召集农民起义，反抗圈地运动。

圈地运动的结果

在圈地运动中，以农民的血肉和尸骨换来了资本主义的大发展。大部分破产农民流入城市，成为雇佣工人和产业后备军，为产业革命提供了廉价的劳动力。农村阶级结构也发生了巨大变化，由大地主、资本主义农场主和农业工人组成。总之，圈地运动牺牲了农民的利益，积累了原始资本，为资本主义提供了廉价的雇佣劳动力和国内市场，为英国成为资本主义强国奠定了基础。

大规模圈地运动把农民赶出土地，沦为流浪者或者成为贵族、官僚等上层阶级廉价的雇佣劳动力。

尼德兰革命

尼德兰革命是世界历史上第一次成功的资产阶级革命。这场战争最终以尼德兰的胜利而结束，建立了第一个资产阶级共和国，对世界历史的进程产生了积极的推动作用。

资本主义的发展

尼德兰意为"低地"，包括今天的荷兰、比利时、卢森堡三国和法国北部的一小部分。14～16世纪中期，通过婚姻关系和王位继承，尼德兰成为西班牙的一部分。尼德兰的资本主义经济发展较早。安特卫普有多个外国银行分支机构，还成立了证券交易所。到了16世纪，很多地区的毛纺织业、渔业、造船等行业已多半采用资本主义方式经营。

16世纪时，尼德兰的资本主义发展很快。图为城市里繁荣的贸易场景。

西班牙的残暴统治

西班牙的专制统治阻碍了尼德兰资本主义的发展。西班牙国库收入的一半来自尼德兰。但是，西班牙国王却限制尼德兰商人进入西班牙港口，禁止他们自由贸易。西班牙专制的另一表现形式是教会迫害。国王颁布了残酷的法律来迫害信奉新教的人，男人会被杀头，女人则要被活埋或烧死。

圣像破坏运动

备受压迫的尼德兰人民终于起来反抗了。1566年8月，佛兰德人民发动了著名的"圣像破坏运动"，砸毁了圣像、圣物，砸了天主教堂，还焚毁了地契，冲击了监狱。这场运动很快波及到其他地区。到了10月，有十几个省区都被卷入，参加者达数万人。起义者捣毁教堂寺院几千所。"圣像破坏运动"标志着尼德兰资产阶级革命开始了。

加尔文新教圣像破坏运动

海上乞丐和森林乞丐

为了镇压尼德兰人民的起义,西班牙当局派出了一位以残暴著称的公爵。这位公爵一来就采取血腥镇压的手段,处死了很多起义者。一时间,尼德兰到处都是腥风血雨。但是,顽强的尼德兰人民并没有退缩,他们改变策略,继续斗争。许多人组成了海上和森林中的游击队,自称"海上乞丐"和"森林乞丐",利用地形的掩护打击敌人。

海上乞丐的奖章

阿尔瓦公爵

荷兰共和国成立

1572年4月,尼德兰北方各省普遍发动起义,将西班牙军队驱逐出境,到1578年,几乎整个荷兰和泽兰都获得了独立。1581年,尼德兰成立了联省共和国,不再承认西班牙对尼德兰的统治权。因为在各省中荷兰的地域最广,经济也最发达,所以联省共和国又称为荷兰共和国。后来,西班牙于1609年和北方缔结了和约,承认了荷兰共和国的独立地位。

1582年2月,安茹公爵进入安特卫普的情景。联省共和国成立后,便竭力从国外找国王,法国的安茹公爵于1582年被邀请来统治荷兰。

尼德兰革命的意义

尼德兰革命具有重大的意义。革命的领导力量是新兴的资产阶级,主力军是城市平民和农民,思想旗帜是加尔文教。它推翻了西班牙的专制统治,争取了民族独立,摧毁了封建势力,为资本主义发展扫清了道路。

英国资产阶级革命

17世纪，英国进入斯图亚特王朝统治时期。专制国王的倒行逆施严重阻碍了英国资本主义的发展，于是，一场封建统治阶级和新兴资产阶级的激烈争斗拉开了历史的序幕。

斯图亚特王朝的专制统治

进入17世纪后，英国的资本主义发展很快，各种手工工场都建立起来了，最大的规模可达数千人。1603年，詹姆士一世继承英国王位，开始了斯图亚特王朝在英国的统治。他竭力鼓吹"君权神授"，不许议会参政议政，严重损害了资产阶级和新贵族的利益。查理一世继位后，仍然独断专行。他蛮横地解散了议会，并大量出售专卖权。这不仅损害了资产阶级的利益，普通民众的生活更是雪上加霜，于是人民都起来反抗。

詹姆士一世

1649年1月，特别法庭开始审判查理一世。

英国国王查理一世的横征暴敛是英国资产阶级革命的导火索。图中的他身穿盔甲，自豪地向前凝望。

议会和国王的斗争

1640年，查理一世为筹集军费，只好重新恢复长期关闭的议会。资产阶级和新贵族联合起来，利用议会同国王展开了斗争，要求限制王权，取消国王专卖权。查理一世恼羞成怒，下令解散议会。伦敦市民被激怒了，举行了声势浩大的游行示威，苏格兰人民也发动起义。查理一世无奈，只有再次召开议会，这标志着英国资产阶级革命的开端。

克伦威尔

查理一世不甘心失败,他于1642年宣布讨伐议会,从而挑起了内战。开始时,国王军一直处于上风,议会军节节败退。但克伦威尔的出现彻底扭转了局面。1645年6月,他领导的军队在纳西比战役中,一举击溃国王军主力,取得了决定性的胜利。最后,查理一世被俘,被送上了断头台,英国成为共和国。但克伦威尔随后开始了军事独裁,把大权牢牢掌握在手中,还多次解散议会,共和国实际已不存在。

1645年6月,克伦威尔率领"新模范军"大败王军,在纳西比战役中以胜利告终。这是英国资产阶级革命中一场决定性的战役。

光荣革命

克伦威尔死后,英国政局一片混乱,斯图亚特王朝趁机复辟。1660年,流亡法国的查理二世登上了英国国王的宝座。查理二世一上台就实行血腥报复,使资产阶级和复辟王朝之间的矛盾越来越深。詹姆士二世即位后,进一步实行反动政策。鉴于形势,英国资产阶级和一部分贵族联合,发动了宫廷政变,把詹姆士二世赶下台,邀请他的女儿玛丽、女婿威廉到英国共同执政。因为这场政变没有经过大规模的流血冲突,所以被称为"光荣革命"。

查理二世

1688年11月5日,威廉率领1.5万人在托尔湾登陆。詹姆士二世仓皇出逃德意志,途中被截获送回伦敦。后经威廉同意,詹姆士二世流亡法国。

君主立宪制的确立

1689年,英国议会通过了旨在限制王权的《权利法案》,确立了议会的最高权力,标志着资产阶级君主立宪制在英国的建立。英国资产阶级革命为英国资本主义迅速发展扫清了道路,大大促进了生产力的发展。它同时也揭开了欧洲和北美资产阶级革命运动的序幕,开辟了资产阶级革命的新时代,有着划时代的意义。但英国资产阶级革命并不彻底,没有从政治制度上彻底铲除封建主义。

彼得大帝改革

西欧的资本主义在17世纪发展迅猛,但此时的俄国却还盛行着封建农奴制,落后而且黑暗。俄国沙皇彼得一世通过向西欧的学习,在俄国进行了大刀阔斧的改革,最终使俄国强大起来,跻身于欧洲强国之列。

权力之争

索菲娅执政时的画像

彼得一世即位后,受到了姐姐索菲娅的威胁。索菲娅是个强权人物,她一直想独揽大权。在她的鼓动下,射击军发动兵变,立索菲娅的胞弟、痴呆的伊凡为第一沙皇,彼得为第二沙皇,由索菲娅摄政。彼得在政变后离开了莫斯科,他常常把自己的小伙伴编成两个兵团,玩攻城的游戏。几年后,这两个"兵团"发展成为近卫军。在近卫军的帮助下,彼得发动政变,把索菲娅送进了修道院,自己掌握了实权。

微服出访

为改变俄国的落后面貌,彼得一世装扮成一个普通人,和众多使者赴英国、荷兰等国学习考察。他在阿姆斯特丹的一家船厂学习造船技术,有时还去参观手工工场和博物馆。1698年,彼得参观了英国皇家学会和牛津大学,聘请了一批知名学者和工程技术人员到俄国工作。在西欧,彼得还学到了很多治理国家的先进经验。

彼得一世改革

彼得在回国后不久,就在全国进行了一系列的改革。在政治上,设立参政院,把全国划分为几十个省,省长由沙皇任免;在经济上,鼓励本国商业的发展,准许商人购买整个农庄和农奴;在军事上,创建新军,开办军事学校,引进国外先进武器,还建立了俄国第一支海军;派遣留学生去西欧学习等。此外,彼得一世还创办了国内第一份报纸,并且改变了俄国人落后的生活习俗。

彼得匿名乔装周游西欧各国,寻访新观念新技术,使俄国的军队尤其海军的军力提升到世界最强者之列。他不惧各种阻力,坚决实行改革,使落后的俄国步入了强盛之路。图为身着荷兰造船工装束的彼得大帝。

太子之死

彼得一世的改革极大地触犯了旧贵族和教会的利益，他们不遗余力地反对改革。太子阿列克谢也反对改革，他和旧贵族、教士联合起来，形成了一个强大的势力。阿列克谢甚至还请求外国君主给予援助，以夺取皇位。事败后，太子被处以死刑。

彼得大帝打开国门，引进西学，并效仿西欧礼仪体制。此举引起俄国贵族的不满和抵制，因此彼得大帝强制俄国贵族接受新政。为了改变俄国人的生活习惯，他命令剪去俄国人的大胡子。

寻找出海口

改革使俄国的国力逐渐强大起来。彼得一世认为俄国经济的落后在于没有什么出海口，因此想在波罗的海寻找出海口。他几次出兵，最终打败了瑞典军队，控制了波罗的海的水路。随后，彼得大帝在一个岛上建立了圣彼得堡，并把都城从莫斯科迁到这里。经过几年战争，俄国最后打败波斯，由此打开了通往里海的通道。

1704年，彼得大帝为获得波罗的海的水路控制权而出兵塞尼恩尚茨·纳尔瓦。图为彼得大帝兵临纳尔瓦城的情景。

启蒙运动

启蒙运动是指17、18世纪继文艺复兴之后的又一次思想解放运动。它为美国独立战争与法国大革命提供了框架，并且导致了资本主义和社会主义的兴起，对整个人类社会产生了深远的影响。

启蒙运动的背景

中世纪的教会权力很大，他们不仅在经济上压迫人民，而且也禁锢人们的思想。新兴的资产阶级实力急剧增长，他们要求享有更多的权利。于是，资产阶级思想家们利用理性主义来反抗基督教教会，发起了启蒙运动。

伏尔泰是法国剧作家、讽刺作家，也是法国启蒙运动的中心人物。

启蒙运动的中心

启蒙运动的中心在法国。法国启蒙运动的领袖则是伏尔泰。他的思想对18世纪的欧洲产生了巨大影响，所以，后来的人曾这样说："18世纪是伏尔泰的世纪。"法国的启蒙运动与其他国家相比，声势最大，战斗性最强，影响最深远，堪称西欧各国启蒙运动的典范。

启蒙运动的实质

从表面上看，启蒙运动是启迪蒙昧，提倡普及文化教育。但从实质上看，它是宣扬资产阶级政治思想体系的运动。它是文艺复兴时期资产阶级反封建斗争的继续和发展，为法国大革命奠定了思想基础。他们用政治自由对抗专制暴政，用信仰自由对抗宗教压迫，用"天赋人权"口号来反对"君权神授"观点，用"法律面前人人平等"来反对贵族的等级特权，进而建立资产阶级政权。

伏尔泰头戴花环出现在剧院里

启蒙思想家

启蒙运动中,除伏尔泰外,最著名的人物就是孟德斯鸠、卢梭和狄德罗。孟德斯鸠在《论法的精神》中提出的三权分立学说,直接影响了美国宪法的制定。卢梭的思想影响了法国的一个时代,法国大革命中的雅各宾派就是在他的思想指导下活动的。狄德罗最大的成就是编著了《百科全书》,通过传播科学知识来反抗教会。除了法国,其他国家也涌现出了很多启蒙思想家。英国的洛克,德国的大哲学家康德,都是启蒙运动的杰出代表。

孟德斯鸠是法国伟大的启蒙思想家、法学家。他不仅是18世纪法国启蒙时代的著名思想家,也是近代欧洲国家比较早的系统研究古代东方社会与法律文化的学者之一。

卢梭是法国著名启蒙思想家、哲学家、教育家、文学家,是18世纪法国大革命的思想先驱,启蒙运动最卓越的代表人物之一。

启蒙运动像一阵飓风一样扫荡了人们的思想,使整个欧洲呈现出一种新的面貌。这些思想迅速在社会上流行起来,被当时的贵族和资产阶级当作时尚的象征。图为在一个沙龙里聚会的文学界的人士。

启蒙运动的历史作用

启蒙运动是以封建制度及天主教会为批判对象的,因此它为即将到来的法国大革命作了充分的思想准备。启蒙思想家宣扬天赋人权,三权分立以及自由、博爱、平等,这些思想迅速在欧美传播,对欧美的资产阶级革命起了影响和推动的作用。同时,它也对亚洲国家的思想解放起了促进作用。

卢梭是法国启蒙运动时期的哲学家和教育家,他死之前告诉他的妻子自己已抵达光明之地。

工业革命

工业革命发源于英格兰中部地区。18世纪,珍妮纺纱机的出现,标志着工业革命在英国乃至世界的开始。工业革命使资本主义由工场手工业生产过渡到机器大生产,极大地提高了社会生产力。

工业革命的背景

英国是最早进行工业革命的国家。新航路开辟以来,市场不断扩大,传统的工厂手工业已经不能满足需求,这意味着资产阶级必须要进行一场技术革命。随着资产阶级统治在英国确立,圈地运动开展得更加猛烈,大批农民涌入城市,为工业革命提供了廉价劳动力。除此之外,技术和资金的积累也为工业革命奠定了基础。

图为一位正在纺纱的妇女。她所使用的纺纱机就是詹姆斯·哈格里夫斯发明的珍妮纺纱机。

纺织技术革命

珍妮纺纱机的出现揭开了工业革命的序幕。1765年,纺织工人哈格里夫斯发明了珍妮纺纱机,一次可纺出上百根纱线。后来,克隆普顿发明了"骡机",可同时带动300~400个纱锭,纺出的纱不仅细,而且结实不易断。1785年,卡特莱特又发明了动力织机,使织布效率提高了40倍。到19世纪,英国的棉纺织业基本实现了机械化。

瓦特在新设计的蒸汽机上安装曲轴、连杆等器件,使它更为自动化。图为瓦特蒸汽机模型。

蒸汽机的发明

瓦特

1763年,瓦特开始改进纽卡门蒸汽机。经过20多年的探索,瓦特完成了对蒸汽机的改进,使之具备了现代蒸汽机的基本结构。改良蒸汽机被用做纺织机器的动力,并推广到其他行业,大大推动了机器的普及和发展,人类也由此进入了"蒸汽时代"。

轮船和火车的出现

1803年，美国人富尔顿制造出第一艘汽船，但在试航成功的晚上就被暴风雨摧毁了。他没有消沉，经过努力，终于造出了著名的"克莱蒙"号。"克莱蒙"号最后试航成功，仅用了32小时就航行了240千米，而传统的帆船则需要4天4夜。1829年，乔治·斯蒂芬孙制造的机车"火箭"号已经达到每小时近50千米的速度。短短数年内，铁路支配了长途运输，成为交通的大动脉。

"克莱蒙"号蒸汽机船

富尔顿

乔治·斯蒂芬孙制造的"火箭"号机车。这辆机车虽然很简陋，但却奏响了工业革命的动人乐章。

工业革命的影响

工业革命是一场巨大的变革，其影响涉及人类社会生活的各个方面。它改变了人类社会，对人类的现代化进程起到不可替代的作用。工业革命既是生产技术的变革，同时也是一场深刻的社会关系的变革。从生产技术方面来说，它使机器代替了手工劳动；工厂代替了手工工场。从社会关系说，它使社会明显地分裂为两大对立的阶级——工业资产阶级和工业无产阶级。

1831年10月，里昂工人起义，队伍走到城门前，被军队挡住，一支支乌黑的枪口对准了工人们的胸膛。

美国独立

随着莱克星顿上空的一声枪响,美国独立战争拉开了序幕。这场民族解放战争沉重地打击了英国殖民者,实现了美国的独立,为美国后来的高速发展扫清了最大的障碍。

英国人的暴政

18世纪中叶,英国已经在北美建立了13个殖民地。殖民地人民的辛勤劳动使得北美的经济迅速发展,初步形成了统一的市场,民族意识开始增强,新的美利坚民族开始形成。但英国政府对北美采取高压政策,横征暴敛,严重阻碍了当地社会经济的进一步发展。

1773年12月,美国波士顿倾茶事件。反英组织成员把300箱茶叶倾入波士顿海港,以此来抗议英国政府强加的苛税。

倾茶事件

1773年,英国政府通过了一项《茶叶条例》,准许东印度公司在北美廉价销售积压茶叶。这项规定严重地损害了当地茶叶商人的利益。2月,东印度公司的运茶船进入波士顿,遭到数千群众的强烈抗议。晚上,一些北美人乔装成印第安人,登上英国运茶船,将茶叶统统倒入大海。

独立战争的第一枪

北美殖民地与英国的矛盾继续激化。1775年4月,马萨诸塞总督兼驻军总司令盖奇派少校史密斯率英军到波士顿搜查殖民地民兵的军火库。第二天凌晨,他们来到了莱克星顿,遭到了武装民兵的伏击,死伤惨重,这一件事史称"莱克星顿的枪声",它拉开了美国独立战争的序幕。

1775年4月19日早晨,波士顿康科德镇附近的莱克星顿打响了美国争取民族独立的第一枪。

萨拉托加大捷

独立战争初期，华盛顿领导的大陆军人数少、装备落后，接连失利。英军咄咄逼人，很快占领了纽约和费城。1777年10月，大陆军和民兵配合，布下天罗地网，在萨拉托加大败英军。这次大捷是独立战争的转折点，从此美军开始占上风。同时，富兰克林到欧洲成功争取到法国、荷兰等国的支持，孤立了英国。

华盛顿

华盛顿率领军队对约克镇的合围。康瓦利斯无路可退，只得于1781年10月17日与美法联军进行投降谈判。19日，驻守约克镇的英军正式投降。

美国独立

1781年，英军在约克镇惨败投降，北美独立战争结束。之后，美国代表同英国代表正式进行了谈判，双方于1783年9月3日签署了《巴黎和约》，英国承认美国独立。1787年9月17日，美国第一部宪法获得通过，标志着美国正式成为一个有秩序的独立国家。

美国独立战争的意义

美国独立战争是世界历史上殖民地首次打败宗主国并获得独立的战争，在很大程度上鼓舞了其他殖民地的人民，推动了其后的拉丁美洲独立战争。美国在脱离英国独立后，经济和军事迅速发展，很快成为世界主要强国之一。但是，美国独立战争没有解决土地和奴隶问题，使得独立后的美国南北方朝着不同的经济道路发展，最终导致了内战的爆发。

签署《巴黎和约》

法国大革命

法国大革命是18世纪末法国资产阶级领导的推翻封建统治,确立资本主义制度的革命。这场革命从攻占巴士底狱开始,到雾月政变结束。整个大革命艰难而曲折,充满着血与火的斗争,但最终还是建立起了资产阶级的统治。

攻占巴士底狱

法国大革命的导火索是三级会议的召开。三级会议曾长期被关闭,但路易十六为了对第三等级增税,同意召开三级会议。会上,第三等级代表拒绝了国王的要求,并要求成立国民议会。路易十六不仅不提改革,还下令关闭三级会议。1789年7月12日,巴黎市民举行了声势浩大的示威游行。两天后,他们又攻占了象征封建统治的巴士底狱,这标志着法国大革命的爆发。

1789年7月14日,巴黎人民起义攻占巴士底狱。后来,由民众占据的巴士底狱被彻底捣毁,并改建为巴士底广场。

制宪议会

大革命的初期,大资产阶级组成的立宪派掌握了政权。国王被迫承认了制宪议会的合法地位。制宪议会宣布废除封建制度,并通过《人权宣言》,还废除了贵族的特权。大革命引起了欧洲各国君主的恐慌,他们组成联军攻打法国。路易十六的王后把机密泄露给联军,致使法国战败。激愤的巴黎人民再次起义,推翻了君主制,逮捕了国王和大臣。起义也结束了君主立宪派的统治,政权转到了代表工商业资产阶级的吉伦特派手里。

路易十六因叛国罪被愤怒的法国人民送上了断头台

法兰西第一共和国

吉伦特派执政后,法国军队打败了外国联军,成立了法兰西第一共和国。他们还颁布法令,强制贵族退还非法占有的土地,将没收的教会土地分给农民。国民公会还处死了路易十六。但后来,法国的经济不断恶化,吉伦特派却只顾杀戮异己,最终导致巴黎人民发动第三次起义,推翻了吉伦特派,雅各宾派又开始执政。

雅各宾派专政

以罗伯斯庇尔为首的雅各宾派上台后，采取了一系列措施来稳定局势。他们严厉镇压了国内叛乱，赶走外国军队；惩处投机商，把土地分给农民。但后来，雅各宾派的内部发生了分裂。1794年，热月党发动热月政变，将罗伯斯庇尔等人送上了断头台。

罗伯斯庇尔

热月党人发动了热月政变，推翻了雅各宾派的恐怖统治，掌握了政权。

雅各宾派领导人罗伯斯庇尔在自杀未遂后被送上了断头台。

雾月政变

热月党人成立了督政府。此时，第二次反法联盟向法国发起了进攻，督政府根本无力控制局面。1799年，拿破仑在巴黎大银行家的支持下推翻了督政府，开始执政。雾月政变标志着法国大革命的结束。

大革命的影响

法国大革命是一次广泛而深刻的政治革命和社会革命，它摧毁了法国的封建制度，建立起资产阶级的统治，促进了资本主义的发展。同时，它也是一次欧洲范围的革命，推动了欧洲的反封建斗争，并为欧洲的民主制度奠定了基础。大革命中所颁布的《人权宣言》和《拿破仑法典》，在世界历史上产生了巨大的影响。

这幅油画描绘了拿破仑雾月政变时的情景

《拿破仑法典》

拿破仑的征战

拿破仑·波拿巴是历史上最具争议的人物之一。这个小个子曾把整个欧洲搅得天翻地覆。他多次打败反法同盟,捍卫了大革命的成果;他颁布了《拿破仑法典》,确立了资本主义的立法规范,对后世影响极大。

初露峥嵘

拿破仑1769年出生在科西嘉岛,父亲给他取名"拿破仑",意大利语的意思是"荒野雄狮"。从巴黎军校毕业后,拿破仑被任命为一个炮兵团的少尉。大革命爆发后,拿破仑攻下了保王党的堡垒土伦,被破格提拔为准将。热月政变后,他镇压了保王党叛乱,荣升为陆军中将兼巴黎卫戍司令。1799年,拿破仑发动"雾月政变",掌握了政权。此后,他建立了资产阶级国家机器,把大革命的成果用法律形式固定下来。

跨越阿尔卑斯山圣伯纳隧道的拿破仑

法兰西第一帝国

拿破仑的野心让他不满足于执政官的地位。1804年5月18日,《共和十二年宪法》颁布,宣布法国为法兰西帝国,拿破仑为帝国皇帝,称拿破仑一世,法兰西第一帝国建立。在加冕典礼上,他没有让罗马教皇加冕,而是自己将皇冠戴到了头上,还把妻子约瑟芬加冕为皇后。

1804年,拿破仑在巴黎为自己举行了盛大的加冕典礼。教皇庇护七世为他和约瑟芬皇后举行了加冕仪式,法兰西第一帝国成立。

奥斯特里茨战役

1805年8月,奥地利、英国、俄国组成了第三次反法同盟。俄国沙皇和奥地利皇帝将兵力集结到奥斯特里茨,准备和拿破仑一决雌雄。拿破仑故意令法军右翼后撤,沙皇中计前进,法军趁机把俄奥联军一切两段。最后,拿破仑大获全胜,俄军不得不从奥地利撤退,奥地利皇帝向拿破仑求和。

上面这幅油画描绘了俄奥联军同法军在奥斯特里茨地域进行的一次决战——奥斯特里茨大会战。这次大会战以拿破仑的胜利而告终。

第四次和第五次反法同盟

1806年9月,英国、俄国、普鲁士等国家又组成了第四次反法同盟。10月,法军打败了耶拿的普鲁士军队,并占领了柏林。耶拿战役后,拿破仑又击败了俄军。法国和普鲁士、俄国签订了《提尔斯特和约》。条约的签订使拿破仑战争的性质从此前的保卫大革命成果转变为谋取霸权的侵略战争。英国于1809年组织了第五次反法同盟,又被拿破仑打败。

拿破仑退位

1813年,第六次反法同盟终于在莱比锡战役中打败了拿破仑。3月,俄国沙皇带领联军攻入巴黎。4月6日,拿破仑宣布退位,被囚禁在厄尔巴岛上。5月,法国波旁王朝复辟。

拿破仑被流放在小岛上

滑铁卢之战

1815年,拿破仑趁欧洲各国在维也纳会议上争吵的时机,偷偷返回巴黎登基,受到民众热烈欢迎。英俄等国立即组织军队同拿破仑进行了滑铁卢之战。拿破仑在这次战役中失败,再次退位,被流放到圣赫勒拿岛,直到去世。

1815年3月20日,拿破仑从厄尔巴岛潜返巴黎,受到军民的夹道欢迎。

美国的西进运动

美国的西进运动是北美独立战争到南北战争爆发前后,美国向北美大陆西部移民的运动。西进运动是一个长期和持续发展的过程。早在美国独立之前,美利坚民族就开始向北美大陆西部扩张,但直到美国独立之后,美国的西进运动才变得更加积极和有计划。

西进运动的背景

早在北美殖民地时期,向西移民的活动就开始了。南部的奴隶主、北部的土地投机商和贫苦的老百姓,都希望在西部获得土地。但英国政府为了方便自己的控制,颁布了禁止移民越过阿巴拉契亚山脉以西的公告令。美国的独立革命粉碎了这一规定。1783年,英美议定了和平解决方案,英国把阿巴拉契亚山以西至密西西比河这一大片印第安人所有的土地,开放给了美国。此后,移民运动迅速高涨。

第一次移民浪潮

在美国的西进运动中,出现了三次移民浪潮。18世纪末和19世纪初是第一次移民浪潮。美国政府在当时颁布了一系列土地法令,还从法国手里买下了路易斯安那地区,让移民们感到有了保证,所以纷纷涌向西部,积极开拓俄亥俄、肯塔基和田纳西等地区,为日后日益扩大的中西部产粮区奠定了坚实的基础。

美国西进运动中有大量印第安人死亡,所以这一运动所行之路又被称为印第安人的血泪之路。《泪痕》这幅油画反映了被迫迁移的切罗基族人遭受的苦难。

第二次移民

1815年后,美国又出现了第二次移民浪潮,两股移民们朝着两个方向移动。一群来自沿海地带和德国的移民逐步开拓了俄亥俄河以北的整个地区,并在这里建立了谷物生产和畜牧业的基地;另一群来自东南部的移民则进入了濒临墨西哥湾介于佐治亚南部与路易斯安那之间的平原地区,在那里开垦荒地。

第三次移民

19世纪,北美西部迎来了第三次移民浪潮。当时,美国的领土朝着两个方向继续推进:在西南方面,它得到了德克萨斯;在与墨西哥的战争中,它夺取了墨西哥领土的一半;在西北方面,经过与英国的谈判,美国又取得了俄勒冈的大片土地。最后,这两方面的扩张在加利福尼亚会合,完成了对整个西部的占领。与此同时,由于加利福尼亚发现金矿,激起了淘金的移民浪潮。后来,一部分淘金者定居在欧洲,另一部分则前往西北部地区勘查矿藏。

西进运动的影响

1890年,西进运动结束。西进运动对整个美国经济的发展起了巨大的作用。广阔的西部土地并入了美国,使美国成为幅员辽阔、自然资源丰富的国家。它的耕地面积大大增加,而且地处宜耕的气候带,使农业迅速发展起来;西部的开拓带动了大规模铁路的建筑和大批移民的流入,使美国形成了广大的国内市场。美国的领土也增加到建国时的3倍以上,扩大了发展工业所需的各种基本资源。西进运动对美国社会制度和资本主义的发展以及美利坚民族性格的形成,都产生了深远的影响。

垂死的美洲印第安人向击伤他的移民者发出最后的哀嚎。

南北战争

南北战争又称美国内战,是一场美国北方工业资本家与南方奴隶主之间的战争,战争以北方的胜利告终。从此,美国废除了奴隶制,扫除了工业资本主义发展的障碍。

南北对峙

美国独立后,南北双方按照各自的模式发展经济。南方经营种植园的奴隶主要求扩大蓄奴州,但北方的工业资产阶级想要有更多的自由劳动力。所以,南北方最大的分歧就是奴隶制的存废。1860年,反对奴隶制的共和党人林肯当选总统,直接激化了矛盾。南方的各蓄奴州陆续脱离联邦,另外成立了新政府。1861年4月,南方开始向北方发动进攻,内战全面打响。

1861年4月在首都华盛顿,亚伯拉罕·林肯发表总统就职演说。

战争初期

战争开始时,北方的军队连连失利。因为南方准备得较早,而且将领都是出身西点军校的名将。而林肯政府这边幻想和平解决争端,没有做充分军事准备,也没有出台有力政策来调动广大人民尤其是黑人奴隶的战斗意志,因此屡战屡败。后来,在严峻形势逼迫下,林肯终于下了决心,要解放黑奴。

1862年6月22日,林肯与内阁成员讨论第一份解放黑奴宣言草案。

黑人的解放

1862年9月22日,林肯颁布了《解放黑人奴隶宣言》,并实行一系列革命措施和政策,受到了人们的支持。因此,许多备受压迫的黑人奴隶争先恐后地报名参加北方军队,政治形势开始有利于北方。

葛底斯堡战役作战场面

葛底斯堡战役

林肯在颁布解放黑奴的宣言后，又调整了军事领导机构，任命有卓越军事才能的格兰特为北方军队的统帅。1863年7月1日，北方军队赢得了葛底斯堡战役，这是内战的转折点，战场上的主动权从此转到北方军队手中。北方军队势如破竹，取得了接连的胜利。

内战结束

1864年，北方军队分东西两线对南方军队展开了强大的攻势。南方不仅在战场上节节败退，而且自己的内部也出现了崩溃的迹象。奴隶纷纷逃亡，种植场经济濒于瓦解。在这种局面下，南方军队不得不在1865年4月9日投降，这场持续几年的内战以北方的胜利而告终。

南北战争的意义

美国南北战争是美国历史上第二次资产阶级革命，虽然伤亡了几十万人，但它废除了黑人奴隶制度，较好地解决了农民的土地问题，维护了国家统一，为美国资本主义的加速发展扫清了道路，并为美国跻身于世界强国之列奠定了基础。

南北战争使美国的资本主义开始快速发展，对美国产生了深远的影响。

德国统一

19世纪上半叶，德意志邦联还处于混乱落后的封建割据状态。随着资本主义经济的迅速发展，各邦的分裂日益成为德国发展资本主义的障碍。因此，完成统一大业势在必行。

分散的邦联

中世纪以来，德意志一直是支离破碎的、落后的。对德意志民族来说，只有实现民族统一，国家才能富强。但内有诸侯的牵制，外有强国的干涉，所以德意志的统一难度很大。19世纪中期，普鲁士和奥地利成为德意志最大的两个邦国，它们都想以自己为中心统一德国。普鲁士统治阶级励精图治，使得普鲁士的综合实力在各邦国中位居首位，能够担当起统一德国的使命。

普鲁士三位领导者（从左向右）：俾斯麦、罗恩、毛奇

俾斯麦

俾斯麦的铁血政策

1862年，普鲁士国王任命俾斯麦为首相。俾斯麦推行以强权和武力统一德国的"铁血政策"。他说："当代的重大问题不是通过演说以及多数人的决议所能解决的……只能通过铁与血来解决。"俾斯麦还运用灵活的外交手腕，利用各大国间的矛盾孤立敌人。在做了充分的准备后，他先后发动了3次战争，完成了德国的统一。

普奥战争

1864年，普鲁士联合奥地利向丹麦宣战。他们打败了丹麦，收回北方靠近丹麦边境的多处领地。1866年，普鲁士又挑起了普奥战争。对于这场战争，俾斯麦并没有必胜的把握。但是最后，普鲁士还是胜利了，奥地利退出了德意志邦联。普鲁士统一了德意志的中部和北部，并成立了北德意志联邦。

萨多瓦会战——格奥尔格·布莱布特罗伊于1869年描绘普奥战争场面的油画。

普法战争

法国担心德国统一会威胁自己的地位，于是在1870年向德国宣战，试图阻挠德意志的统一，但最后失败的却是法国。在色当会战中，法国皇帝兵败被俘，德国南部的几个邦也脱离法国的控制。1871年，普鲁士国王在凡尔赛宫加冕为德意志帝国皇帝，德意志的统一大业终于完成。

1871年1月18日，普鲁士国王威廉一世在巴黎凡尔赛宫镜厅正式登基为皇帝，德意志帝国建立。中间白衣者为俾斯麦。

德国统一的影响

德意志帝国的成立，扫除了德国资本主义经济发展的主要障碍。19世纪70年代，德国颁布了一系列有利于资本主义经济发展的法案，使国内经济得到迅速发展。

普法战争期间，由查尔斯·丹尼斯·布尔巴基带领的法军被普军击败。

意大利的统一

同德国一样，意大利在19世纪仍然处于分裂状态。在人民的推动下，意大利民族统一运动高涨。在这中间，涌现出了一位伟大的人物——加里波第，他带领人民使意大利从分裂走向了统一。

四分五裂的意大利

19世纪上半期，意大利北部的威尼斯和伦巴第地区仍然被奥地利所控制。而它的中部，就是教皇统治的地区，还驻扎着法国军队。两西西里王国则受西班牙波旁王朝的统治。当时，只有撒丁王国是独立的。于是，撒丁王国就成为意大利民族统一运动的中心。

加富尔伯爵是意大利政治家，意大利统一运动的领导人物，也是后来成立的意大利王国的第一任首相。

烧炭党的活动

烧炭党于19世纪初在意大利南部成立，主要由中产阶级和知识分子组成。他们从1820年起发起多次暴动，以此来加快意大利的统一进程。后来的统一运动的领袖大多是烧炭党的成员。

维托里奥·伊曼纽二世是意大利统一后的第一个国王

烧炭党人——马志尼，后称"青年意大利党"。

意法奥战争

1859年，为了打败奥地利的入侵，法国军队进入意大利，与撒丁王国的军队并肩作战。在这期间，意大利人民也纷纷起义，迫使奥地利军队撤出伦巴第，龟缩在威尼斯。战后，奥地利同意把伦巴第交给撒丁王国。后来，意大利北部的几个小邦和教皇国的大部分地区也并入了撒丁王国。

加里波第远征

1860年4月,意大利最顽固的封建堡垒——两西西里王国也出现了革命的征兆,使统一运动再现高潮。意大利民族独立运动领袖加里波第决定组织志愿军去支援当地人民,彻底摧毁封建统治,这就是历史上著名的"千人军"(又称"红衫军")。加里波第的队伍很快就占领了西西里岛的首府,解放了西西里岛。随后,加里波第又攻占了两西西里王国的首都那不勒斯。解放后的两西西里王国最后都并入了撒丁王国。1861年,意大利王国宣告成立。

加里波第被视为驱逐海怪和拯救意大利的天使。

完成统一

虽然意大利王国成立了,但还有一部分领土尚未收回。1866年,意大利趁普鲁士和奥地利正在打仗的时机,夺回了威尼斯。普法战争时,法国军队被迫从教皇国撤出。后来,意大利军队进入罗马,教皇被迫迁往梵蒂冈,意大利终于完成了统一。

1860年意大利统一后佛罗伦萨曾做过11年意大利的首都,直到1871年首都迁往罗马。

日本明治维新

19世纪,资本主义国家的扩张使得中国、印度等传统的封建大国沦为半殖民地或殖民地,受尽欺侮。但此时,一个亚洲小国——日本却走上了资本主义道路,并迅速富强起来。

腐朽的德川幕府

19世纪中期,日本处在最后一个幕府——德川幕府时代。德川幕府已经统治日本200多年,越来越黑暗腐朽。他们奉行"闭关锁国"政策,导致日本落后保守。但是在商品经济的快速发展下,商人阶层特别是金融业经营者的力量逐渐增强。商人们感觉到旧有制度严重制约着他们的发展,于是开始呼吁改革政治体制。他们和具有资产阶级色彩的大名(藩地诸侯)、武士以及农民形成了一股"倒幕"力量。

19世纪末的日本武士

1854年第二次访问日本的培里将军舰队。培里的访问叩开了日本的国门,迫使日本走上了资本主义发展的道路,从客观上促进了日本的近代化。

黑船事件

1853年,美国海军准将培里率领舰队进入江户湾岸的浦贺,要求日本开国通商,史称"黑船事件"。1854年1月,日本被迫与美国签订了《日美亲善条约》,同意向美国开放除长崎外的下田和箱馆两个港口,并给予美国最惠国待遇等。从此,日本封闭200多年的国门被打开了。

明治维新以前,已经有许多外国人在日本进行贸易。

倒幕运动

国门被打开后,日本的经济遭到严重破坏。外国廉价商品大量涌入,原料则被大量掠走,人民的生活越发艰难,因而发动了频繁的起义。中下级武士、商人、资本家及新兴的地主等也和人民一起展开了轰轰烈烈的倒幕运动。1867年,倒幕派获得了天皇的讨幕密诏,幕府将军德川庆喜被迫奉还大政。1868年1月3日,明治天皇颁布"王政复古"号令,宣布废除幕府,并命令德川庆喜"辞官纳地",将一切权力重新归于天皇。德川庆喜不甘失败,又组织军队攻打京都,但被倒幕军队击败,德川庆喜逃回江户。在倒幕军的强大压力下,德川庆喜不得不投降,德川幕府垮台。

德川庆喜

从京都前往东京的明治天皇。明治维新使日本从一个落后的封建国家一跃成为当时亚洲唯一的走上资本主义道路的国家,国力迅速强大起来。

明治维新

1868年,睦仁天皇举行即位大典,年号为"明治"。明治天皇将首都从京都迁至江户,改称东京,建立明治政府,并颁布一系列改革措施。这些政策有:废除封建等级制;进行土地改革和地税改革;废藩置县;统一货币和银行制度;建立近代教育体制等。

明治维新的影响

明治维新使日本走上了资本主义道路,迅速富强起来。强大起来的日本逐步废除与西方列强签订的不平等条约,收回国家主权,摆脱了沦为殖民地的危机。但此次维新并不彻底,造成了如天皇权力过大、土地兼并依然严重、新兴财阀垄断市场经济等问题。这些问题,直接或间接促使日本最终走上了军国主义侵略扩张的道路。

明治天皇睦仁

列强对世界的瓜分

19世纪末20世纪初,随着各资本主义国家向帝国主义过渡,帝国主义国家掀起了瓜分世界的狂潮。这使得亚、非、拉美各国的民族灾难更加深重,人民的处境极为悲惨。

对亚洲各国的奴役

帝国主义在亚洲激烈地争夺殖民地和势力范围,使亚洲各国殖民地半殖民地化程度进一步加深。在西亚,英、俄等国利用奥斯曼帝国的衰弱,把它的属地几乎瓜分殆尽;俄国在占有了中亚细亚后,又伙同英国在伊朗划分了势力范围;在东南亚,英国以印度为基地,兼并了缅甸,征服了马来半岛的大部分;法国侵占了中南半岛的越南等国;美国从西班牙手里夺取了菲律宾;日本侵吞了朝鲜;在19世纪将要结束时,帝国主义列强在中国也划分了各自的势力范围。

时局图是清朝末年一位爱国人士所画,它形象地反映出清末中国内忧外患的形势。图上的各种凶猛动物代表着当时的列强,最北面的熊隐喻着沙皇俄国,飞来的鹰隐喻着大洋彼岸想分一杯羹的美国。这些资本主义强国几乎将中国瓜分殆尽。

帝国主义列强在柏林召开的瓜分非洲的会议

被瓜分的非洲

非洲本是一片美丽富饶的土地,神秘而古老。但从15世纪开始,非洲就开始遭受欧洲殖民者的侵略。欧洲各国的政府先后派遣探险队来到这里,为以后的殖民侵略铺平了道路。在瓜分非洲的过程中,尤其是在争夺刚果河的权益上,帝国主义各国发生了严重的利害冲突。1884年11月,柏林会议召开。最后,各国达成协议,签署了《总议定书》。这是一次赤裸裸的帝国主义瓜分非洲的分赃会议,它标志着瓜分非洲新高潮的到来。

遭受欧洲殖民者侵略的非洲人民

难逃魔掌的拉丁美洲

拉丁美洲各国虽然独立了,但由于经济上的落后和政治上的不稳定,仍然不能脱离英美等殖民者的控制。英国利用自己"世界工厂"的实力,加紧对拉美进行经济渗透。美国利用自己的地理优势,提出不允许欧洲列强干涉美洲事务的"门罗宣言"。在具体措施上,美国对拉丁美洲交替推行"大棒政策"和"金元外交"。第一次世界大战前夕,美国几乎控制了整个美洲。

1823年12月2日,美国总统詹姆士·门罗以"致国会咨文"的形式,发表了重要的外交政策声明——《门罗宣言》,后来被称之为"门罗主义"。

世界殖民体系的形成

到20世纪初,帝国主义列强已经奴役和控制了世界上的绝大部分土地和人口,资本主义世界殖民体系最终形成。这样,随着各地区、各国之间的联系一步一步地加强,到19世纪末20世纪初,世界真正形成了一个牵一发而动全身的有机整体。从一定意义上讲,世界历史到此才真正具有了世界性。

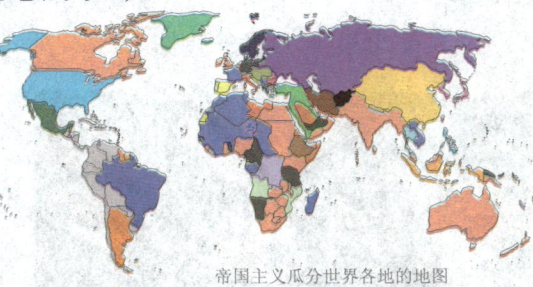

帝国主义瓜分世界各地的地图

悲惨的殖民地人民

在帝国主义瓜分世界的过程中,亚、非、拉各殖民地半殖民地遭受到深重的灾难。在政治上,宗主国对各殖民地或者进行直接统治,或者扶植封建势力做其代理人,进行间接统治;在经济上,除直接掠夺财富、资源和倾销商品外,还通过资本输出控制各国的经济命脉,以种种手段阻碍、限制当地民族资本主义的发展。处在帝国主义和封建主义双重压迫下的殖民地人民,过着暗无天日的悲惨生活。

帝国主义势力同原有的封建势力相勾结,对农民进行残酷的剥削和压榨。土地的掠夺,殖民地形式的租佃关系的广泛发展,种植园经济对小生产的挤压,高利贷的空前猖獗等因素,使农民群众难于发展生产,甚至不能实现简单再生产。

第一次世界大战

第一次世界大战是同盟国和协约国两大帝国主义集团为瓜分世界、争夺霸权进行的世界规模的战争。它主要发生在欧洲,但波及全世界大多数国家。这场大战导致千万人丧生,生灵涂炭,损失惨重。

同盟国和协约国

19世纪末20世纪初,各国发展的不平衡使得争夺霸权的矛盾更加尖锐。新兴的德国要挑战英国、法国等的地位,于是和奥匈帝国、意大利王国三国缔结"三国同盟";而法国、英国和俄国则组成"三国协约",欧洲从此分为两大对立的军事集团,战争一触即发。

斐迪南夫妇

萨拉热窝事件

20世纪,波斯尼亚和黑塞哥维那两地的南斯拉夫人,强烈要求摆脱奥匈帝国的统治,与塞尔维亚合并。这引起了奥匈帝国的不安,他们准备吞并塞尔维亚。斐迪南大公正是侵略计划的制定者之一。1914年6月28日,视察完军事演习的斐迪南大公乘车到波斯尼亚首府萨拉热窝访问,遭到一名青年的刺杀,夫妇俩当场身亡。这成了第一次世界大战的导火索。

1914年6月28日,斐迪南和妻子在视察完以塞尔维亚为假想敌的军事演习以后回程途中,被埋伏的塞尔维亚族青年普林齐普刺杀。

战争经过

1914年7月28日,奥匈帝国向塞尔维亚宣战,第一次世界大战拉开序幕。紧接着,欧洲其他国家纷纷宣战,整个欧洲陷入了战争中。战线主要分为东线、西线和南线,尤其以西线的战事最为惨烈。经过了马恩河战役、凡尔登战役和索姆河战役后,德军损失惨重,协约国逐渐占了上风。

凡尔登战役中在战壕中的法国士兵。士兵们疲惫不堪地倒在战壕里,表现了战争的残酷。

1917年4月6日,美国总统威尔逊在国会宣布与德国断交的情景。

同盟国的失败

1917年,美国对德国宣战,战争进入了一个新的阶段。11月,沙皇俄国爆发了十月革命,退出了战争。9月之后,保加利亚、奥地利陆续投降。德国水兵在基尔港哗变,并迅速蔓延到全国。11月9日,柏林发生革命,德皇威廉二世退位。11月11日,德国代表在法国与协约国联军司令签署了停战协议,第一次世界大战至此结束。

一战的后果与影响

这次大战持续了4年之久,导致了沙皇俄国、德意志帝国、奥匈帝国和奥斯曼帝国的覆灭,巴尔干半岛与中东地区的民族国家崛起;英国遭受重创,美国成为世界第一经济强国;世界上第一个社会主义国家出现;巴黎和会上签订的《凡尔赛和约》及其他和约构成了战后欧洲及国际关系的新体系,却埋下了第二次世界大战的祸根。

1918年德国发动的最后一次大规模进攻,它影响了马恩河区通向巴黎的大陆,河下游由美军第三区第30和38步兵团控制,这是他们的第一次战斗。

走向未来的人类
现　代

俄国的十月革命催生了世界上第一个社会主义国家,对世界历史进程影响巨大。与第一次世界大战仅仅相隔几十年,规模更大的第二次世界大战就爆发了。这次大战给全人类带来了难以抚平的巨大伤痛,同时也给各国敲响了警钟。不过,战争也导致了革命,使得众多被奴役的殖民地半殖民地国家赢得了独立。随着苏联这个超级大国的解体,冷战宣告结束,世界进入了一个新纪元。今天,发展中国家的崛起和全球一体化的形成,使世界越来越走向多元化。

巴黎和会

第一次世界大战后,战胜国和战败国在巴黎凡尔赛宫召开和平会议,史称巴黎和会。会议标榜建立世界永久和平,实际上是英国、法国、美国、日本等帝国主义战胜国重新瓜分世界,策划反对无产阶级革命和民族解放运动的会议。

会议的筹备

为确立美国在战后的霸权,早在战争期间,美国总统威尔逊就授命其助理豪斯组成专门机构研究战后和会问题。英国也组织了专家讨论大战结束后英国的对策。1918年1月,威尔逊提出十四点原则后,豪斯到达巴黎,与法、英、意等国政府首脑就召开战后和会问题进行磋商。1919年1月13日,英、法、美、日、意五国举行巴黎和会准备会议,背着多数国家制定了和会的议事规则,实际上操纵了会议。

参加巴黎和会的四个国家代表。从左至右分别为:英国代表劳合·乔治、意大利代表维托利奥·奥兰多、法国代表乔治·克里孟梭和美国代表威尔逊。

签署和约

1919年1月18日,战胜国一方在法国的凡尔赛宫召开了和平会议。6月28日,经过激烈的讨价还价之后,英、法、意、日等国在巴黎凡尔赛宫的明镜大厅签订了对德和约,这就是著名的《凡尔赛和约》。和约要求德国割地赔款,并且由战胜国瓜分它的海外殖民地。

凡尔赛会议的签订仪式

凡尔赛会议上的德国代表

对德国的影响

《凡尔赛和约》给德国套上了沉重的枷锁。德国马克急剧贬值，成了一钱不值的废纸，许多德国市民一生的储蓄没有了。物价飞涨，大笔的银行存款还买不到几个土豆和几克白糖。这激起了德国民众对于《凡尔赛和约》的不满，并埋下了深深的仇恨。

中国的外交失败

中国代表团向和会提出收回战前德国侵占中国胶州湾、胶济铁路和山东的一切权利。日本要求和会把德国的在华权益转移给日本，竟然得到了英、法的支持。由于美、日在太平洋和远东地区的矛盾，美国对日本的侵华野心起初持反对态度。后来，日本以拒绝在和约上签字和退出和会相要挟，美国转而支持日本。这引起了中国人民的极大愤慨。在五四运动浪潮冲击下，中国代表团拒绝在凡尔赛和约上签字。

前排左起：意大利首相奥兰多、英国首相乔治、法国总理克里孟梭及美国总统威尔逊。这4个人组成了控制利益瓜分的"四人会议"。

和会的影响

《凡尔赛和约》及其他和约构成了凡尔赛体系，确立了帝国主义在欧洲、亚洲和非洲统治的新秩序。会议还密谋遏制苏俄，决定对苏俄实行经济封锁。巴黎和会其实是第一次世界大战后，帝国主义列强重新瓜分世界的一场分赃大会，它并没有解决帝国主义之间争夺殖民地的矛盾，对战败国德国的勒索，也种下了复仇的种子，所以法国元帅福煦事后评论说："这不是和平，这是20年的休战。"

凡尔赛宫是法国封建历史时期的一座华丽的纪念碑。

大萧条

美国总统胡佛。在他当政的后期,经济危机爆发,美国陷入一场混乱之中。

大萧条是指 1929 年至 1933 年之间全球性的经济大衰退。这次经济危机首先在美国发生,后来波及到全世界,对世界历史产生了巨大的影响。大萧条的悲惨状况,让人们至今谈虎色变。

表面的繁荣

20 世纪 20 年代的美国,正处在经济高速发展的时期。整个社会对新技术和新生活方式备加推崇,炫耀性消费成了社会的时尚。美国总统胡佛也认为:"我们正在取得对贫困战争决定性胜利的前夜,贫民窟将从美国消失。"

悲剧的诞生

正当美国人春风得意的时候,一场悲剧正在等待着所有人。1929 年 10 月 29 日,美国迎来了它的"黑色星期二"。这一天,美国股票一夜之间暴跌。短短的两个星期内,300 亿美元的财富蒸发了,相当于美国在一战中的总开支。但这一切,只是这场大悲剧的序幕。

1929 年大萧条下美国一家银行的挤兑浪潮

华尔街云集着来自不同地方的投资者

胡佛村和胡佛袋

随着股票市场的崩溃,美国经济随即全面陷入毁灭性的灾难之中。农业资本家和大农场主大量销毁"过剩"的产品,用小麦和玉米代替煤炭做燃料,把牛奶倒进密西西比河。城市中的无家可归者用木板、旧铁皮、油布甚至牛皮纸搭起简陋的栖身之所,这些小屋聚集的村落被称为"胡佛村"。流浪汉的要饭袋被叫做"胡佛袋",由于无力购买燃油而改由畜力拉动的汽车叫做"胡佛车",甚至露宿街头长椅上的流浪汉盖的报纸也被叫做"胡佛毯"。

罗斯福新政

1933年初,罗斯福当选为美国第32届总统。罗斯福首先从整顿金融业入手,稳定了混乱的局面;又成立联邦紧急救济署,第二年又把单纯救济改为"以工代赈",给失业者提供从事公共事业的机会;提高社会福利,改善人民生活水平。新政取得了巨大成功,使美国避免了经济大崩溃,有助于美国走出危机。

罗斯福"新政"下的美国社会秩序渐渐稳定,工人们重新获得工作的机会。罗斯福的新政使美国的经济开始走向复苏,避免了和德国、意大利一样走上法西斯独裁的道路。

罗斯福总统于1935年8月24日签署《社会保障法案》。

法西斯的崛起

随着经济危机向全世界的蔓延,欧洲各国的局势也发生了变化,法西斯势力纷纷趁乱登场,意大利的墨索里尼、德国的希特勒都利用经济危机建立了法西斯独裁统治。亚洲的日本本来是军事封建帝国主义国家,保留了许多封建残余。在大萧条的背景下,日本以军部为中心,通过天皇制机构,自上而下逐步法西斯化。德国、意大利和日本积极扩军备战,妄图通过战争转移国内视线。

这张照片上的两个人就是第二次世界大战中的法西斯军国主义独裁者——希特勒和他的"亲密战友"墨索里尼。

第二次世界大战

随着经济危机的加深,世界局势动荡不安,终于爆发了第二次世界大战。这场旷日持久的战争给人类带来巨大灾难,但最终正义战胜了邪恶,法西斯势力倒台,世界迎来了和平。

战争准备

20世纪30年代前后,意大利、德国和日本的法西斯势力先后上台,他们积极扩充军备。1936年11月,德国和日本签订了《日德反共产国际协定》。后来,意大利也参加了这个协定。三国反共军事同盟最后形成,即"柏林—罗马—东京"轴心。该协定的形成加快了法西斯国家发动全面战争的步伐。英法美等西方国家为了维护自身利益,同时还想把这股祸水引向苏联,所以坐视不管。

夜袭波兰

1939年9月1日凌晨,德国军队利用夜幕掩护,在2300多架飞机的支援下,对波兰发动突然袭击。德军的"闪电战"使波兰措手不及,军队还未集结,就已被德军包围。德军迅速撕破波军的防线,占领了波兰。波兰被攻占后,英法等国被迫于9月3日对德国宣战,第二次世界大战全面爆发。

希特勒在1939年9月1日,以"闪电战"实施了他几个月前就打算实施的进攻波兰的计划。波兰在德国军队的猛烈攻击下于9月28日沦陷。

法西斯的猖狂进攻

英法等国虽然对德国宣战,但仍幻想把祸水引入苏联,所以对德军并未有积极的军事行动。德军占领波兰后,又迅速攻占了丹麦和挪威。"马其诺防线"没有阻挡住德军,法国不久就灭亡了。英国的新首相丘吉尔临危受命,顽强抵抗德军。在大不列颠空战中,英国损失惨重,但也使德军的"海狮计划"被无限期推迟了。1940年9月27日,德、意、日三国签订了军事同盟条约,标志着法西斯侵略轴心国集团的形成。此后,德军发动了对苏联的突袭。

战争扩大

1941年,日本偷袭珍珠港,重创美国太平洋舰队。日军同时发动东南亚战争。美国正式对日本宣战,日本盟友德国和意大利也正式对美国宣战,战争迅速扩大。

1941年12月7日,在没有宣战的情况下,日本突然袭击美国海军的主要基地夏威夷的珍珠港,这次袭击给美国太平洋舰队带来了几乎是毁灭性的打击。

被当时社会各界视为"三巨头"的斯大林、罗斯福、丘吉尔,主导了德黑兰会议的进程。

伟大的转折

德军深入苏联后,由于补给线过长和气候寒冷,进攻列宁格勒和莫斯科时受到重创。他们改变计划,转而进攻斯大林格勒。德军被苏联红军围困,损失惨重。这场战役使德国法西斯被迫转入战略防御,成为苏联卫国战争的转折点。日军于1942年6月发动中途岛海战,企图歼灭美国舰队。但日本被打败,4艘航母被击毁,这成为太平洋战争转折点。

原子弹爆炸后,在广岛上空形成蘑菇云。

中途岛——阿留申群岛战役中,曾经耀武扬威的日军零式飞机遭到了沉重的打击。

二战结束

1945年,苏军攻克柏林,希特勒自杀。1945年5月9日,纳粹德国正式向盟军投降,纳粹德国灭亡。这时,日本却仍然拒绝无条件投降,于是美国向日本本土投下两颗原子弹。1945年8月15日,日本天皇宣布投降。至此,第二次世界大战彻底结束。

联合国的成立

两次世界大战，尤其是第二次世界大战使得整个人类社会陷入黑暗之中。战后，人们痛定思痛，认为国际社会需要一个国际组织，以维持世界和平，避免爆发新的世界大战。这就是成立联合国的初衷。

1945年4月25日，第一届联合国代表大会在旧金山市歌剧院召开。

《联合国家宣言》

1942年，中国、美国、英国、苏联等26国代表在华盛顿发表了《联合国家宣言》。后来，中、美、英、苏决定于1945年4月25日在美国旧金山召开"联合国家关于国际组织的会议"，以便正式制订《联合国宪章》。

联合国成立

1945年6月，50个国家的代表签署了《联合国宪章》，后又有波兰补签。同年10月24日，中国、法国、苏联、英国、美国和其他多数签字国递交了批准书后，宪章开始生效，联合国正式成立。1947年，联合国大会决定，把10月24日定为联合国日。

智利代表在《联合国宪章》上签字

中国加入联合国

中国在1945年派代表团出席了旧金山会议，中国共产党的代表董必武参加了代表团，并在《联合国宪章》上签了字。1971年10月25日，第26届联合国大会通过了联合国大会第2758号决议，决定"恢复中华人民共和国的一切权利，承认它的政府代表为中国在联合国组织的唯一合法代表"。

1945年联合国大会上的董必武

联合国的维和行动

联合国成立后，为维护世界和平作出了重要贡献，我国也积极参与维和行动。1992年4月，我国第一支"蓝盔"部队——军事工程大队赴柬埔寨执行任务。1999年，中国政府正式宣布派遣维和警察参与联合国维和行动。2000年，我国首次派遣15名民事警察到东帝汶执行联合国维和任务。之后，我国又多次参与了联合国的维和行动，为世界的和平与稳定作出了贡献。

"蓝盔"部队

联合国的成就和局限性

几十年来，联合国历经国际风云变幻，在曲折的道路上成长壮大，为人类的和平与繁荣作出了重要贡献。它在实现全球非殖民化、维护世界和平和安全、促进社会和经济发展等方面取得了令人瞩目的成就。但联合国实行的是"大国一致"的"民主原则"，其中的否决权有可能被滥用。比如在冷战时期，美国和苏联利用否决权来争夺各自的利益，导致联合国在一些重大事务上无能为力。

联合国大厦

战后各国民族民主运动

第二次世界大战的胜利，为殖民地半殖民地人民的解放事业提供了更加广大的可能性，开辟了更加现实的道路。战后，以民族民主革命为主要内容的革命烽火，燃遍了整个亚洲、非洲和拉丁美洲。

亚洲国家的独立和振兴

战后，亚洲各国纷纷掀起了广泛的民族民主运动。1945年，中国人民战胜了日本法西斯，取得了第一次反对帝国主义侵略战争的完全胜利。1949年，中华人民共和国成立，中国从此走上了复兴之路。在印度，甘地领导的国大党以独立为目标，展开了一系列非暴力不合作运动。二战后，英国被严重削弱，只得同意印度和巴基斯坦分治。1947年，印度在与巴基斯坦分治后实现独立。1950年1月26日，印度宣布成立印度共和国。

圣雄甘地是印度民族主义运动和国大党领袖。

非洲民族独立浪潮

非洲殖民地的人民所遭受的灾难十分深重。二战结束后，殖民者还在大肆掠夺和剥削非洲人民。非洲的土地等资源被殖民者占有，不少非洲人只能流浪或受雇于白人。非洲工人的工资少得可怜，还遭受到种族歧视。所以，非洲人民的反抗从来就没有停止过。从20世纪50年代中期到60年代末，非洲国家掀起了民族独立的浪潮。在这一时期，非洲大陆诞生了32个新独立的国家。其中，1960年就有17个国家取得独立，因此这一年被称为"非洲独立年"。

1930年，甘地参加独立运动。国大党当时拜访他，希望他领导另一场大规模的公民不服从运动。他于是在1930年3月21日到4月6日，领导了他一生中最著名的一次运动——"为了抗议殖民政府的食盐公卖制运动"。甘地从德里到自己的故乡阿默达巴德游行达400千米，被称之为德里游行(或称"盐队")。

1959年，卡斯特罗号召古巴人民起义，推翻巴蒂斯塔独裁政权，成立革命政府。

拉丁美洲的斗争

拉丁美洲的人民也开始了轰轰烈烈的民族解放运动。1959年，古巴在卡斯特罗领导下举行起义，推翻了美国支持的独裁政权，后于1961年成为社会主义国家。巴拿马人民掀起了要求收回运河主权的斗争。1999年底，巴拿马人民将运河区的主权和管辖权全部收回。

卡斯特罗

殖民体系的彻底崩溃

亚非拉地区的人民在反抗帝国主义的斗争中，深刻认识到团结的力量。1955年，亚非会议召开，标志着亚非拉地区反帝反殖斗争更加自觉地联合起来。20世纪70年代后是战后民族解放运动的第三个阶段。在这一阶段，绝大多数亚非拉国家争得了民族独立。20世纪90年代初津巴布韦和纳米比亚的独立，标志着帝国主义殖民体系的彻底崩溃。

亚非会议现场

第三世界的兴起

20世纪50年代末60年代初，新兴民族国家为了维护独立，发展经济，希望在美苏两大集团之间的斗争中保持中立，于是采取了不结盟的外交政策。1961年第一次不结盟国家和政府首脑会议召开，意味着第三世界作为一支独立的政治力量登上国际历史舞台。20世纪60年代兴起的"七十七国集团"为争取国际经济新秩序而展开的斗争，还有"欧佩克"石油输出国组织的反控制斗争等，都是第三世界国家为争取自身权益，联合起来进行的斗争。

欧佩克位于维也纳的总部

美苏争霸

第二次世界大战后，美国对苏联等社会主义国家推行冷战政策。赫鲁晓夫上台以后，提出同美国平起平坐、共同主宰世界的基本战略。随着苏联经济、军事实力进一步增强，从 20 世纪 50 年代后期起，美苏争霸的格局逐渐形成。

冷战的开始

二战结束以后，美国成为实力最强的国家，推行全球扩张政策。1947 年 3 月，杜鲁门主义的提出，是美国在全世界扩张势力的宣言书，也是对苏联等社会主义国家发动全面冷战的宣言书。此后，全世界进入冷战时期。美国和苏联无论是在政治上，还是在经济上和意识形态上，都互不相让，争夺不休。

杜鲁门

1945年，盟国召开波茨坦会议。

第一阶段

20 世纪 50 年代中期到 60 年代初，是美苏争霸的第一阶段。赫鲁晓夫上台以后，对苏联的内外政策进行了调整，以缓和美苏紧张关系，寻求美苏平起平坐，共同主宰世界事务。苏联主动与西方国家合作，同联邦德国建立了外交关系。1959 年，赫鲁晓夫还访问了美国。但争霸的实质并没有改变，1961 年，苏联修筑"柏林墙"，使美苏关系更加紧张。1962 年古巴导弹危机，表明苏联开始走上同美国进行全球争夺的道路。

苏联领导人赫鲁晓夫参加联合国大会

人类历史百科

苏联的战略进攻

美苏争霸的第二阶段是20世纪60年代中期至70年代末。这一时期苏联处于攻势,美国转攻为守。1964年勃列日涅夫上台后,苏联的经济实力同美国的差距大大缩小。所以,苏联开始推行积极进攻的战略。苏联一方面以"缓和"战略麻痹西方,另一方面加紧在欧洲以外的地区扩张。1979年入侵阿富汗,标志着苏联霸权主义政策发展到了顶点。

苏联军队毁掉阿富汗人民的村庄

反观美国,这一时期简直焦头烂额。国内的经济增长开始放慢,又深陷越南战争的泥潭,所以只能转攻为守。尼克松上台后,调整全球军事部署,1973年从越南撤军,1979年同中国建交。

1974年11月,勃列日涅夫与美国总统福特在符拉迪沃斯托克会谈。

第三阶段

美苏争霸的第三阶段从20世纪80年代末开始,90年代初结束。1981年,里根出任美国总统以后,开始对苏联采取强硬态度。在核战略和核军备方面,美国提出了"星球大战"计划,希望通过以高技术为核心的新一轮军备竞赛拖垮苏联。在争夺第三世界方面,美国立足于打局部战争,打击亲苏政

1983年3月23日,美国总统罗纳德·里根在冷战后期的一次著名演说。

权。这时的苏联由于国内经济发展缓慢,在与美国的争霸中背上了沉重的包袱。戈尔巴乔夫上台后,开始裁减军备,全面收缩。1991年12月底,苏联解体,美苏冷战争霸的局面结束。

美苏争霸的历史教训

美苏冷战争霸40多年,对战后国际关系产生了深远影响。美苏争霸是世界不安宁的根源,世界人民必须坚持反对任何形式的霸权主义和强权政治。今天,多极化的世界格局正在形成,它有利于世界的和平与发展,是历史的进步。

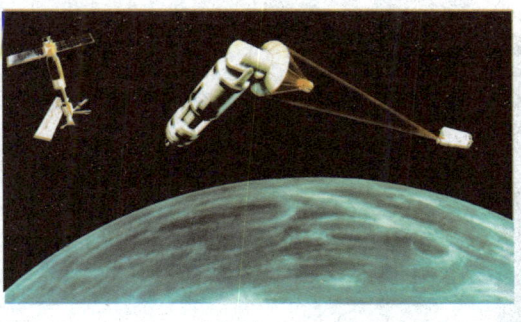
太空激光卫星防御系统的艺术想象图

冷战结束

20世纪80年代末，世界局势发生了重大变化。东欧各社会主义国家纷纷改变政治制度，走上了资本主义道路。到了20世纪90年代，强大的苏联突然解体，令世界震惊。

冷战的格局

第二次世界大战的乌云刚刚散去，冷战的大幕又从砖瓦废墟上拉开。美国和苏联这对超级大国，从共同对抗纳粹的威胁中解脱出来后，就再没有过真正意义上的和平相处。希特勒一垮台，双方便展开了全方位的竞赛，形成了冷战的态势。

德国的柏林墙是冷战时期最生动的标志。这堵墙分隔了东柏林（属于东德）与西柏林（属于西德）。

在格但斯克协议后，纪念1970年镇压中遇难造船厂劳工的纪念碑也完工了，在1980年12月16日揭幕。

东欧剧变

进入20世纪80年代后，东欧各社会主义国家的经济发展逐渐陷入困境。80年代初，波兰政府为摆脱经济困境，大幅提高肉类价格，引发工人罢工，产生了团结工会。1989年，团结工会上台，标志着波兰政治制度的剧变。1990年春天，民主德国也发生了剧变。在大选中，称为"德国联盟"的三个反对党联盟获胜。10月，以民主德国并入联邦德国的方式，实现了两德的统一。最终，保加利亚、匈牙利、捷克斯洛伐克、阿尔巴尼亚、南斯拉夫等东欧国家，都发生了政权更迭、社会制度剧变的类似事件。

1980年，波兰政府决定用议价的办法提高肉类及其他食品的价格，引起了工人的不满，卢布林省的工人最先发起罢工，接着是华沙、西里西亚和罗兹。政府许诺提高工人工资，形势有所缓和。8月14日，工人再次掀起罢工，发展成为全国规模的工人大罢工。

苏联解体

这时的苏联,也面临着巨大的危机。1990年3月,苏联的第三次非常人代会决定修改宪法,取消苏共的领导地位,实行多党制和总统制。随后,立陶宛宣布独立。1990年,先后有11个共和国发表主权宣言。"八一九"事件后,苏联形势急转直下。戈尔巴乔夫宣布辞去苏共中央总书记的职务;1991年8月25日,苏共中央解散。在这种形势下,苏联各加盟共和国纷纷宣布独立。1991年12月25日晚,克里姆林宫降下苏联国旗,俄罗斯联邦的三色旗升起。第二天,苏联最高苏维埃联盟院宣布苏联停止存在,苏联正式解体。

苏联第一书记戈尔巴乔夫和美国总统罗纳德·里根间的会面,标志着东西方关系改善的开始。

苏东剧变的后果

东欧剧变、苏联解体,标志着第二次世界大战后存在了40多年的两极格局最终结束。随着华约组织的解散,两大军事集团对抗的局面也结束了,世界形势的总趋势走向缓和。两极格局解体后的世界,呈现出多极化的趋势,全球一体化趋势也在迅速增强。

"八一九"事件时的莫斯科街头坦克

对国际的影响

苏联的解体,使其在世界的影响大幅度降低,一些地区性大国试图趁机扩充自己的势力,因此一些地区出现了战乱。比如在20世纪90年代初期,中亚地区强国伊拉克出兵入侵邻国科威特,引起了二战后最剧烈的战争——海湾战争。

9·11事件

2001年9月11日,纽约世贸中心连续发生撞机事件,世贸中心的摩天大楼轰然倒塌,化为一片废墟。这次事件是继珍珠港事件后,历史上第二次给美国造成重大伤亡的袭击。它也是人类历史上迄今为止最严重的恐怖袭击事件。

袭击经过

2001年9月11日,位于纽约曼哈顿世贸大楼里的工作人员和往常一样,正准备开始一天的工作。谁也没有想到,一场灾难即将降临在他们头上。此时,一场无声无息的劫持就发生在四架民航客机上。飞机被恐怖分子控制后,径直撞向世界贸易中心和华盛顿五角大楼。人们惊慌失措,死伤惨重。据事后统计,共有2998人罹难。

美国政府反应

全世界都被震惊了。一时间,人心惶惶,谣言四起。美国政府宣布,会以军事手段打击事件的策划者。虽然没有组织宣布对事件负责,但基地组织公开赞扬了这次事件,并暗示他们就是幕后指使者。袭击事件发生后,美国政府处于高度戒备状态,严防类似恐怖袭击事件再次发生,并多次发布新一轮袭击警报。

纽约世界贸易中心双塔在两小时之内倒塌,并导致临近的其他建筑被摧毁或损坏。

国际社会的反应

9·11事件发生后，西方各国政府的民间支持度大幅度上升。在阿拉伯世界，很多媒体都刊登了评论文章，认为事件是由以色列人、犹太人甚至美国人自己发动的，目的是挑起全球仇视阿拉伯的情绪。还有一些阿拉伯穆斯林则认为事件是由基地组织发起的，旨在报复美国的中东政策。事件还遭到国际社会的一致谴责，即使一些传统上与美国不太友好的国家领导人都公开谴责这起事件，并对美国人民表示同情。

世贸中心崩塌后的废墟

经济损失

9·11事件发生后，美国经济一度处于瘫痪状态，对一些产业造成了直接经济损失和影响。而且，9·11事件的经济影响不仅局限于事件本身的直接损失，更重要的是影响了人们的投资和消费信心，从而导致美国和世界其他国家经济增长减慢。

恐怖主义的阴云

9·11事件让人们明白，我们生活的世界依然面临着恐怖主义的威胁。为了捍卫国家安全，多个国家纷纷参与各种形式的反恐活动，不仅要维护国家安全环境和领土主权完整，对恐怖分子的嚣张气焰也要给予狠狠打击。

2004年的9·11事件纪念日，世贸中心双子塔楼遗址上亮起两束光柱，直射向纽约宁静的夜空。

图书在版编目（CIP）数据

人类历史百科 / 黄炜主编. —天津：天津科学技术出版社，2012.4（2019.6重印）
（中国青少年百科全书）
ISBN 978-7-5308-6861-4

Ⅰ.①人… Ⅱ.①黄… Ⅲ.①人类学—青年读物②人类学—少年读物 Ⅳ.①Q98-9

中国版本图书馆CIP数据核字（2012）第047069号

人类历史百科
RENLEI LISHI BAI KE

责任编辑：郑　新

出　　版：天津出版传媒集团
　　　　　天津科学技术出版社

地　　址：天津市西康路35号

邮　　编：300051

电　　话：（022）23332674

网　　址：www.tjkjcbs.com.cn

发　　行：新华书店经销

印　　刷：三河市燕春印务有限公司

开本 700×1000mm 1/16　印张 9　字数 150 000
2019年 6月第 1 版第 3 次印刷
定价：29.80 元